Andreas Salcher

NIE MEHR SCHULE
Immer mehr Freude

Andreas Salcher

NIE MEHR SCHULE

Immer mehr Freude

ecoWIN

Andreas Salcher
Nie mehr Schule
Immer mehr Freude

FSC
www.fsc.org
MIX
Papier aus verantwortungsvollen Quellen
FSC® C012536

Das für dieses Buch verwendete FSC-zertifizierte Papier
EOS lieferte Salzer, St. Pölten.

Umschlag und Ideen: **kratkys.net**

1. Auflage

Lektorat: Dr. Arnold Klaffenböck
Gesamtherstellung: www.theiss.at
Gesetzt aus der Sabon
Printed in Austria
ISBN 978-3-7110-0032-3

1 2 3 4 5 6 7 8 / 14 13 12

www.ecowin.at

Inhaltsverzeichnis

PHILOSOPHIE UND LEIDENSCHAFT

Ecowin wurde 2003 als unabhängiger Verlag gegründet.

Das bedeutet auch, dass wir bis heute weder Verlagsförderung beantragt noch erhalten haben.

Wir konzentrieren uns auf spannende Autoren und spannende Themen, die zu Meinungsvielfalt, Diskurs und gesellschaftlicher Entwicklung wichtige Beiträge leisten.

Als österreichischer Verlag produzieren wir von Beginn an ausschließlich umweltfreundlich* in Österreich.

Wir investieren in langfristige Beziehungen mit unseren Autoren, Herstellern und Buchhändlern.

Nichts ist für uns spannender als das nächste neue Buch.

HANNES STEINER
VERLEGER

H. Steiner

* Wir freuen uns, dass die Druckerei Theiss unsere Bücher nach den Richtlinien des österreichischen Umweltzeichens herstellt. Sowohl die Materialien als auch die Produktion entsprechen dem hohen österreichischen Umweltstandard. Das Buch, das Sie in den Händen halten, ist auf FSC-zertifiziertem Papier gedruckt, mit Faden geheftet und von einem Naturpapier-Umschlag geschützt.

Gewidmet dem Benediktinermönch
David Steindl-Rast,
von dem ich Furchtlosigkeit und
Dankbarkeit lerne.

Leserhinweis

Um die Lesbarkeit des Buches zu verbessern, wurde darauf verzichtet, neben der männlichen auch die weibliche Form anzuführen, die gedanklich selbstverständlich immer mit einzubeziehen ist. Für alle im Buch abgekürzt verwendeten Namen, die auf Wunsch der Betroffenen anonymisiert wurden, liegen dem Verfasser autorisierte Gesprächsprotokolle vor. Die besten Geschichten schreibt das Leben. So nicht ausdrücklich anders darauf hingewiesen, sind alle Fallbeispiele in diesem Buch wahr.

„Nie mehr Schule“ ist der Titel eines Songs von Falco, der mit bürgerlichem Namen Johann Hölzel hieß. Der geniale Musiker musste die Schule vorzeitig verlassen, nachdem er etliche Fehlstunden angehäuft hatte.

Der Gegensatz zwischen „Tödlicher Schule“ und „Lebendiger Schule“ wurde von dem großartigen britischen Regisseur Peter Brook inspiriert, der in den Sechzigerjahren einen Essay über das „Tödliche Theater“ geschrieben hat.

Die tödliche Schule – warum es sie noch gibt und wer sie verteidigt

Miriam ist ein süßes kleines Mädchen mit langen, stark gelockten braunen Haaren. Sie fühlt sich von jedem geliebt, eingebettet in eine Familie mit einer sehr starken Mutter. Die Erinnerung an den Vater verschwimmt bald, als dieser eines Tages nicht wieder auftaucht. Mit sechs Jahren kommt sie neugierig und mit großer Vorfreude in die Schule. Endlich darf sie auch, denn ihre beiden älteren Schwestern gehen ja schon länger dorthin. Sie sitzt sehr weit hinten in den Bankreihen und soll Marienkäfer zeichnen. Sie hat ein Problem mit dem Stillsitzen und wird „zurückgestellt". Nach Vorsprache ihrer Mutter beim Landesschulrat darf sie weiterhin als außerordentliche Schülerin am Unterricht teilnehmen.

Es wird festgestellt, dass sie Legasthenikerin ist. Sie erhält Förderunterricht und man unterzieht sie psychologischen Tests. Ein Jahr später, zurück zum Start. Erste Klasse. Dann passiert ihr etwas. Sie darf während der Stunde nicht aufs Klo gehen und macht in die Hose. Zur Strafe muss sie mit nasser Kleidung in der Ecke stehen. Da passiert etwas mit ihr. Bei den ersten Diktaten ist ihr Heft über und über voll mit Rot, lauter Fehler. Ihr Heft wird der ganzen Klasse vorgezeigt und die anderen Kinder von der Lehrerin zum Lachen aufgefordert. Die zweite Klasse muss Miriam wiederholen. Ihr Glück. Sie bekommt eine dynamische, junge Lehrerin. Diese baut Miriams zerstörtes Selbstwertgefühl Schritt für Schritt wieder auf. Rechnungen, bei denen Miriam die Zahlen vertauscht hat, werden von ihrer neuen Lehrerin einfach mit Pfeilen versehen und gelten als richtig. Miriam wird sogar einmal Rechenkönigin.

Schreiben mag Miriam heute noch immer nicht besonders gerne, und es ist ihr unangenehm, wenn man ihr über die Schulter schaut. Dafür hatte sie einen Traum, den sie sich von niemandem nehmen ließ: Kindergartenpädagogin zu werden. Sie schaffte das im zweiten Bildungsweg. Heute ist sie die Leiterin eines großen Kindergartens.

Die 9 bis 13 Jahre Schule sind wie ein langer kalter Regen, durch den jeder junge Mensch durchmuss. So wird er für die Härten des Lebens geschliffen. Das wird seit bald 250 Jahren so praktiziert und das hat noch keinem geschadet. Die Glücklichen werden dabei nur ein bisschen feucht, während die Pechvögel alles abbekommen. Am Ende der Schulzeit werden sie dann klitschnass ins Leben geworfen, damit auch jeder gleich erkennen kann, dass sie Versager sind. Es gibt auch die Geschickten, die schnell gelernt haben, nicht aufzufallen und sich zwischen den Tropfen zu bewegen.

Unterbrochen wird dieser lange Regen jedes Jahr durch die Sommerferien. Juli und August sind jene beiden Monate, in denen Schüler und Lehrer mit ihrer Schule hochzufrieden sind. Sie steht leer und das tut fast niemandem wirklich leid. Nur die berufstätigen Eltern fühlen sich oft mit den langen Sommerferien überfordert.

Es gibt ein Grundbedürfnis, das fast alle Schüler und Lehrer eint: Wie minimieren wir den Ernst des Lebens, also jene Zeit, in der wir in der Schule Stunden absitzen müssen? Schüler und Lehrer waren in diesem gemeinsamen Kampf durchaus erfolgreich. Rechnet man die gesamten Ferien, Wochenenden, Feiertage und die schulautonomen Tage im Jahr zusammen, stößt man auf das überraschende Ergebnis, dass in Österreich an fast jedem zweiten Tag kein Unterricht stattfindet. Die meisten Schüler und Lehrer empfinden das subjektiv anders und werden jetzt nachzurechnen beginnen.

Der Kampf Freizeit gegen Schulzeit beginnt mit dem Ringen um den Stundenplan. Die alteingesessenen Lehrer haben die besseren Karten, keine zu langen Lücken zwischen ihren verpflichtenden Lehrstunden auszufassen und ihre Anwesenheit in der Schule dadurch minimieren zu können. Die Schüler hoffen auf einen gnädigen Stundenplan, der möglichst keinen Nachmittagsunterricht bedeutet, um nicht unnötige Stunden in der Schule verbringen zu müssen. Ein neues Schuljahr hat begonnen mit dem Besorgen der Schulbücher und Hefte, der Mühsal der Hausaufgaben und der Furcht vor den ersten Prüfungen. Alle sind zu beschäftigt, um eine entscheidende Frage zu stellen: Warum überhaupt Schule?

Die allgemeine Schulpflicht, also die Idee, allen Staatsbürgern zumindest Lesen, Schreiben und Rechnen beizubringen, wurde bekanntlich von Maria Theresia eingeführt, um endlich mit dem verfeindeten Preußen mithalten zu können, dessen Soldaten die österreichischen regelmäßig besiegten. Dieses Ziel wurde zwar nachhaltig verfehlt, aber dafür eine humanistische Glanzleistung vollbracht. So fortschrittlich das für die damalige Zeit war, so festgemauert gegenüber allen Veränderungen steht das Unterrichtswesen in seinen Grundmauern bis heute. Früher ist das nicht aufgefallen, weil viele Kinder auch zu Hause zu widerspruchsloser Gehorsamkeit, zum Ruhegeben und zum Schweigen bei Tisch erzogen wurden. Doch während diese autoritären Methoden immer mehr durch partnerschaftliche Eltern-Kinder-Beziehungen abgelöst wurden, ist das System der obrigkeitsstaatlichen Belehrungsschule nicht tot, sondern lebt. Es verströmt nach wie vor den Geist von Kadettenanstalten und Fabrikhallen. Das macht es so gefährlich. Der Begriff „tödliche Schule“ beschreibt den Virus, der die natürliche Neugierde bei Kindern im Keim erstickt, genauso wie er die Freude von Lehrern an ihrem Beruf schleichend absterben lässt. Seit Generationen hat dieser Virus viele Schüler, Lehrer und Eltern so infiziert, dass sie sich eine andere, bessere, lebendige Schule nicht einmal vorstellen können.

Die tödliche Schule ist vor allem eine „So als ob“-Schule. Sie findet in Gebäuden und mit Lehrplänen statt, die „so tun, als ob“ Kinder außerhalb der Turnstunde keinen Körper hätten. Dazu kommen Schulpolitiker, die „so tun, als ob“ von oben verordnete Schulreformen je in den Klassenzimmern ankommen. Es gibt Schulinspektoren, die „so tun, als ob“ sie nachgewiesene Missstände tatsächlich lösen wollten, sich aber als liebe „Guten Tag, alles bestens?“-Onkel mit niemandem anlegen wollen; Gewerkschafter, die „so tun, als ob“ es ihnen um die besten Lehrer ginge und die tatsächlich Direktoren daran hindern, Mitarbeitergespräche mit allen ihren Lehrern zu füh-

2. Die Lehrer sind schuld

„Die Lehrer“ gibt es nicht. Die Aufgaben für eine Volksschullehrerin in einer kleinen Gemeinde, wo jeder jeden kennt, sind andere als für eine Kollegin in einem Wiener Bezirk, in dem in einer Klasse neun Sprachen gesprochen werden und Deutschkenntnisse die Ausnahme darstellen. Die Herausforderungen für einen Linzer Hauptschullehrer sind ganz andere als für einen AHS-Oberstufenlehrer in Innsbruck. Dann gibt es die Lehrer an den BMS und BHS, die versuchen, ihren Unterricht besonders praxisnahe zu gestalten, die aufopfernden Sonderpädagogen, die Berufsschullehrer und viele andere. Eines vereint sie bei aller Unterschiedlichkeit: Lehrer beklagen oft, wie mies sie im Schulsystem menschlich behandelt werden. Damit haben sie völlig recht.

Das beginnt schon damit, wie viele frisch rekrutierte Junglehrer ihren ersten Schultag erleben. Oft erfahren sie erst wenige Tage davor, im Extremfall am Tag selbst, wo sie zum Dienst antreten müssen. Das erinnert an Filmszenen, in denen sich ein Soldat bei einem fernen Regiment für den Kriegseinsatz melden muss, argwöhnisch beobachtet von den alten Recken, die schon lange im Feld sind. Dass dann einige der hoch motivierten Junglehrer noch im Sommer davor den Hut darauf werfen und einfach einen anderen Beruf wählen, wird als Kollateralschaden des Systems in Kauf genommen. Es finden sich ja immer genug, die vor allem eines gleich ganz am Anfang kapieren: Du bist nichts, das System ist alles.

Dass man alle Junglehrer eine Woche vor Schulbeginn einlädt, um Erwartungen und Ängste in Gruppen auszutauschen, Rat von erfahrenen Lehrern zu holen und vor allem Orientierung in dem System zu bekommen, ist noch immer die Ausnahme und nicht der Regelfall. Das würde ja „Mehrdienstleistung" für alle Beteiligten bedeuten. Und was „Mehrdienstleistung" heißt, erfahren die Junglehrer ohnehin vom Personalvertreter am ersten Schultag. Denn noch bevor sie ihre Sachen am schlechtesten Platz im Lehrerzimmer ausgepackt haben, tauchen schon die roten und schwarzen Personalvertreter auf und bieten ihre Hilfe an. „Wenn Du zu uns kommst, dann können wir uns um Dich kümmern und dafür sorgen, dass Du möglichst bald eine fixe Lehrverpflichtung erhältst." So lernen die Junglehrer schnell, dass Vergünstigungen und Hilfe in diesem System nicht etwa von den offiziell vorgesetzten Direktoren für besondere Leistungen, sondern von den Personalvertretern für Wohlverhalten zu erwarten sind.

Mich hat interessiert, mit welchen Erwartungen junge Menschen an den Lehrberuf herangehen, die noch nicht durch das System negativ beeinflusst sind. Ich habe dazu Interviews mit angehenden Volksschullehrerinnen an Pädagogischen Hochschulen geführt. Mir gegenüber saßen ungemein positive junge Frauen, die den Herzenswunsch hatten, mit Kindern zu arbeiten. Sie wussten, dass das viel Arbeit, oft auch bis spät am Abend, bedeuten wird, dass sie dafür weder mit viel Sozialprestige noch mit einem hohen Einkommen belohnt werden würden. „Die Kinder geben mir so viel zurück, sie freuen sich, wenn ich etwas Neues mit ihnen ausprobiere", war eine häufige Aussage.

Diese hoch motivierten Lehramtskandidatinnen werden auf Kinder treffen, die ihrem ersten Schultag mit leuchtenden Augen entgegenfiebern. Warum werden dann aus engagierten jungen Lehrern oft ausgebrannte Menschen, die sich an das klammern, was sie vor vielen Jahren in ihrer Ausbildung gelernt haben, und vor Neuem zurückschrecken? Warum gehen sie den Weg des geringsten Widerstandes statt den Weg der größten Freude?

Es ist die negative Motivationskultur, die das ganze System beherrscht und Eigeninitiative und Reformgeist von idealistischen Lehrern behindert. Jene, bei denen der Idealismus, junge Menschen auf das Leben vorzubereiten, besonders hartnäckig ausgeprägt ist, haben mit einer Vielzahl von kleinen Unfreundlichkeiten und großen Widerständen zu rechnen. So werden Studien, die in der Freizeit absolviert wurden, dann mit einem Mal von der Schulbehörde als nicht relevant eingestuft, selbst bezahlte aufwendige Fortbildungen werden als Privatvergnügen abqualifiziert, reformpädagogische Projekte von den Schulinspektoren argwöhnisch beobachtet und plötzlich, vor allem wenn sie erfolgreich sind, mit dem Argument mangelnder Ressourcen abgedreht.

Am meisten empören sich die guten Lehrer darüber, dass ihr ganzer Berufsstand als faul diffamiert wird. Dabei ist ihnen oft nicht bewusst, dass der Beruf des Lehrers zu den drei öffentlichen Berufen gehört. Die anderen beiden sind die Priester und die Politiker. Der Vorteil eines öffentlichen Berufes war lange Zeit, dass man damit hohes Ansehen zumindest in seiner Gemeinde erwarten durfte. Dieser Vorteil hat sich in den vergangenen Jahren in einen Nachteil verwandelt, weil alle drei Berufsbilder immer stärker von einer kleinen Minderheit schwarzer Schafe beschädigt wurden. So leiden Priester unter der Pauschalverdächtigung, sich an kleinen Kindern zu vergreifen, und Politiker darunter, generell korrupt zu sein. Der Lehrerstand wird wiederum von jenen zehn Prozent Minderleistern schwer beschädigt, deren Versagen von der Öffentlichkeit bereitwillig aufgenommen wird. Jeder engagierte Lehrer, Priester und Politiker darf von uns erwarten, dass wir differenzieren. Umgekehrt erwarten wir von ihnen, dass sie die schwarzen Schafe in ihren Reihen nicht länger dulden oder gar verteidigen.

Wie in jeder anderen großen Organisation gibt es auch im Schulsystem zehn Prozent Spitzenleute und zehn Prozent Minderleister. Erfolgreiche Organisationen verwenden viel Energie darauf, die 10 Prozent Leistungsträger zu fördern, ihnen mehr Verantwortung zu übertragen und sich von den Minderleistern schnell zu trennen. Denn entscheidend ist es, das große Leistungspotenzial der 80 Prozent, die dazwischen sind, in die eine oder andere Richtung zu bewegen. In der Schulorganisation passiert das genaue Gegenteil. Die Besten werden gebremst oder gemobbt. Dagegen werden sogar Minderleister, wie jener BHS-Lehrer, der stolz im Lehrerzimmer verkündete: „So wenig wie ich arbeite, können mir die gar nicht bezahlen“, geschützt.

Wenig überraschend führt dieses Prinzip zur Frustration aller. Die braven Pflichterfüller ersticken in Routine und die mutigen Reformpädagogen verzweifeln an der Mauer aus Ignoranz ihrer Kollegen und des rigiden Systems. Irgendwann flüchten die Pflichterfüller in die Frühpension und die fähigsten Lehrer in die innere oder äußere Emigration. Bill Clinton hat seinen ersten Präsidentschaftswahlkampf mit dem einfachen Slogan „It's the economy, stupid" gewonnen. Jedem, der die Lehrer insgesamt zu den Hauptschuldigen machen will, sei gesagt: „Es ist das System, Du Dummkopf."

3. Wir können nichts machen

„Es gibt nur eins, was auf Dauer teurer ist als Bildung: Keine Bildung."

John F. Kennedy

Derzeit laufen zwei wichtige Diskussionen parallel nebeneinander, als ob sie nichts miteinander zu tun hätten: die Finanzkrise und die Bildungskrise. Diese sind aber durch das einfache Gesetz von Ursache und Wirkung untrennbar miteinander verbunden. Unser Bildungsniveau ist maßgebend für die Wettbewerbsfähigkeit und diese bestimmt langfristig unseren Wohlstand, unabhängig davon, ob es den Euro nächstes Jahr noch gibt. Wenn wir heute eine Schule oder eine Universität im Stich lassen, ist das für unsere Zukunft weit schlimmer, als eine Bank aufzugeben.

Die eigentliche Katastrophe besteht darin, dass über das wichtigste Kapital Österreichs kein Schutzschirm gespannt wird. Wenn wir keinen nationalen Konsens schaffen, werden wir uns alle in zehn Jahren fragen lassen müssen, warum wir nichts gegen den dramatischen Einbruch unseres Bildungssystems getan haben, obwohl die Fakten völlig eindeutig waren. Und wir werden dann sicher nicht mehr zu den reichsten Ländern der Welt gehören.

Es ist daher die heilige Pflicht von uns allen, den Druck auf die politischen Parteien weiter zu erhöhen, damit sie drei Weichenstellungen im Parlament beschließen, ohne die jede Reform zum Scheitern verurteilt ist:

1. Neue Lehrer leisten ihre Arbeit acht Stunden pro Tag an ihrer Schule. Die Aufteilung ihrer Zeit zwischen Unterricht, Coaching, Betreuung von Projekten, Teambesprechungen, individueller Vorbereitung und Elternarbeit wird nicht zentral vorgegeben, sondern erfolgt autonom an der Schule.
2. Den politischen Parteien wird ihr Einfluss bei der Bestellung von Schuldirektoren entzogen und an Expertenkommissionen abgegeben. Die Einflussnahme auf Direktorenbestellungen durch Politiker wird ein Delikt, das wie die versuchte Beeinflussung eines Richters geahndet wird.
3. Die Schulen erhalten die volle pädagogische Autonomie. Der Direktor hat einen wesentlichen Einfluss auf die Anstellung seiner Lehrer und kann völlig ungeeig-

nete kündigen. Er wird jeweils auf vier Jahre bestellt und an der Erfüllung der Bildungsstandards für seine Schule gemessen sowie an der Beurteilung durch die Schulpartner.

Dieser notwendige Systemwechsel wird nur gelingen, wenn Schüler, Lehrer und Eltern selbst beginnen, die Grundfesten der tödlichen Schule zu erschüttern. Konkret heißt das:

Nie mehr Kinder um fünf Uhr früh schlaftrunken aus dem Bett reißen.
Nie mehr Kinder ohne Frühstück in die Schule schicken.
Nie mehr ein Kind beschämen.
Nie mehr einen Lehrer beschämen.
Nie mehr einen ganzen Tag Frontalunterricht ertragen.
Nie mehr jeden Tag nach der Schule mit seinen Kindern das nachlernen, was sie alles in der Schule nicht verstanden haben.
Nie mehr 50-Minuten-Stunde.
Nie mehr Pausenglocke.
Nie mehr ein ganzer Tag ohne körperliche Bewegung.
Nie mehr Leistungen vortäuschen müssen, nur um nicht durchzufallen.
Nie mehr übereinander anstatt miteinander reden.
Nie mehr Mobbing gegen Schüler oder Lehrer.
Nie mehr Elternsprechtage, an denen man sich eine Stunde am Gang vor dem Lehrer anstellen muss, der die meisten „Nicht genügend“ verteilt hat.

Nie mehr vor dem Einschlafen Angst vor dem nächsten Schultag haben.
Nie mehr von dem Albtraum gequält werden, dass wir plötzlich eine Mathematikschularbeit schreiben müssen, obwohl wir nichts gelernt haben.
Nie mehr tödliche Schule.

Wenn Sie das Gefühl haben, dass trotz aller Veränderungsversuche zu viele Merkmale der tödlichen Schule auf die Ihre zutreffen, worauf warten Sie dann noch? Als Eltern nehmen Sie Ihr Kind aus der Schule, als Schüler bitte Deine Eltern darum. Es gibt lebendige Schulen, man muss sie nur entdecken.

Die Wahrheiten der lebendigen Schule sind keine Geheimnisse. Sie liegen völlig offen. Es verlangt nur eine Totalumkehr. Wenden Sie dieses Buch und drehen Sie es um 180 Grad. Dann beginnt für Sie IMMER MEHR FREUDE mit der lebendigen Schule.

---

1 Scheiterten im Jahr 1980 noch 11,7 Prozent der Lehrlinge an der Abschlussprüfung, sind es heute bereits 17,5 Prozent.

2 Die Zahlen stammen von der Statistik Austria.

3 Ein aktueller Rechnungshofbericht dokumentiert, dass trotz sinkender Schülerzahlen die Ausgaben für Landeslehrer deutlich gestiegen sind. Zwischen 2006/07 und 2009/10 hat die Zahl der Schüler an allgemeinbildenden Pflichtschulen um 6,8 Prozent abgenommen, dennoch sind in diesem Zeitraum die Ausgaben für Landeslehrer um rund 10 Prozent gestiegen. An den Berufsschulen steht einem Schü-

ler-Plus von 4,5 Prozent eine Kostensteigerung von 20 Prozent gegenüber.

4 Manfred Spitzer: Medizin für die Bildung, S. 210 ff.; es wurden 16.753 Personen aus Deutschland, Österreich, Großbritannien, Russland und Polen untersucht.

ren; Direktoren, die sich das gefallen lassen, „so als ob“ dadurch das Klima an ihrer Schule besser werden könnte; Eltern, die „so tun, als ob“ sie nicht wüssten, wozu ihre Kinder fähig sind. Und alle „tun so, als ob“ es ihnen um das Wohl jedes einzelnen Kindes ginge. Im Unterricht ist vor allem die „Osterhasenpädagogik“ ein Kennzeichen der tödlichen Schulen: Der Lehrer versteckt das Wissen vor seinen Schülern, und die müssen danach suchen, „so als ob“ es Ostereier wären. Andere verteilen seit Jahren die gleichen lieblosen Arbeitsblätter, „so als ob“ durch deren stupides Ausfüllen Neugierde entfesselt werden könnte. Es darf daher nicht verwundern, dass die Schüler dann „so tun, als ob“ sie aufpassen würden und bei Prüfungen simulieren, dass sie auch etwas verstanden hätten.

Die tödliche Schule will ausweichen statt begegnen, ignorieren statt konfrontieren, vortäuschen statt aufklären, sie ist kalt und nicht warm, sie ist einfach verlogen und dies verhindert alles.

Steht irgendwo geschrieben, dass Schulen lustbefreite Zonen sein müssen? Muss Lernen prinzipiell langweilig sein? Funktioniert Lernen nur dann, wenn es wirklich wehtut? Offensichtlich nicht. Kleine Kinder lernen mit großer Begeisterung, zu gehen, sprechen, singen und tanzen, Fahrrad zu fahren, Sandburgen zu bauen und Drachen steigen zu lassen. Jeden Tag werden im Gehirn eines Dreijährigen 50 bis 100 Begeisterungsstürme ausgelöst.

Auch Schüler lernen gerne. So lernen sie zum Beispiel, blitzschnell Lieder von Webplattformen herunterzuladen, sorgsam in virtuelle Alben einzupassen und jeden technologischen Wachstumsschritt mitzumachen. Sie bringen ihren Eltern den Umgang mit dem Smartphone und dem Computer bei. Stehen dagegen im Physikunterricht die Grundlagen all dieser Wundersachen auf dem Lehrplan, langweilen sie sich tödlich. Nur wenige machen sich die Mühe, ihre Neugier zu wecken, welche Zauberdinge denn alle in ihrem Handy drinnen sind und damit an ihre Erlebniswelt anzuknüpfen. Der Tag von Schülern ist ausgefüllt mit einem Stundenplan am Vormittag und Hausübungen am Nachmittag. Dazu kommt bei vielen das Nachlernen mit ihren Eltern oder Nachhilfelehrern all dessen, was sie in der Schule nicht verstanden haben. Und in unseren Schulen wird viel nicht verstanden. Ich werde nie den Vater vergessen, der nach einer Lesung vor 300 Leuten gesagt hat: „Ich bin Akademiker und im Beruf sehr erfolgreich. Ganz ehrlich, ich verstehe die Schulbücher meiner Kinder nicht."

Die meisten Schulen sind Fernlerninstitute mit Anwesenheitspflicht für die Schüler am Vormittag und Nachlernpflicht für ihre Eltern am Nachmittag. Eltern erhalten dann per E-Mail den gesamten Schularbeitsstoff mit genauen Seitenangaben des Lehrbuches mit der freundlichen Anrede: „Liebe Eltern, liebe Schüler, viel Spaß beim Lernen ..."

Die knappe freie Zeit, die den Schülern bleibt, nutzen sie, um sich damit zu beschäftigen, was sie wirklich interessiert. Schade, denn ein hoher Prozentsatz aller Kinder ist zumindest auf einem Gebiet besonders und auf vielen weiteren ebenfalls talentiert. Dem steht ein weitaus geringerer Prozentsatz herausragend begabter Erwachsener gegenüber. Talente haben offensichtlich eine hohe Sterblichkeitsrate. Das betrifft nicht nur die Talente von Kindern, sondern auch jene von Lehrern. Dafür gibt es Ursachen. Die tödliche Schule ist eine davon. Sie fördert Angst und Langeweile – die beiden größten Feinde des Lernens.

1. Die Angst

Das Fach, das Peter in der Schulzeit die meisten schlaflosen Nächte bereitet hat, war Latein. Es lag nicht daran, dass es eine alte, scheinbar leblose Sprache war, denn die historischen Inhalte der Übersetzungen interessierten ihn sogar sehr. Was ihn quälte, war der Umstand, dass der Professor, der dieses Fach unterrichtete, zwar ein nach außen hin durchaus gütig wirkender Mann war, aber beim Zurückgeben der Schularbeiten ein besonderes Ritual pflegte. Er teilte das Heft mit den meisten Fehlern als erstes aus und arbeitete dann langsam den Stoß der weiteren „Nicht genügend" ab. Wessen Hefte sich gut sichtbar am weitesten oben des Stoßes befanden, für den hatte es nichts Gutes zu bedeuten. Die Nervosität und an manches Herz gehenden Ängste, die sich unter den seiner Meinung nach „unfähigen" Schülern bei Rückgabe der Schularbeiten ausbreiteten, waren oft schlimmer als deren Panik vor der Schularbeitsstunde. Auch hatte er einmal große Freude daran, Peters Unfähigkeit vor allen Eltern seiner Mitschüler zu präsentieren. Anlässlich einer Feierstunde in der Schule wollte er den Anwesenden demonstrieren, dass Latein keine einfache Angelegenheit sei, worauf er sich prompt an Peter wandte, diesen vor den interessierten Augen aller aufstehen ließ und nach dem zweiten Fall für „Caesar“ fragte. Noch heute, fast 30 Jahre danach, hat Peter diese Szene vor seinen Augen. Natürlich betonte er den zweiten Fall falsch … „Caesar – Caesaris“.

Unter Druck wird Kohle zu Diamanten. Kinder sind aber keine Kohlestücke. Trotzdem ist die Überzeugung, dass man nur genug Druck auf Kinder ausüben müsse, damit sie „etwas lernen“, weder bei autoritären Eltern noch bei ebensolchen Lehrern auszurotten. Die Forschungen des Neurologen Manfred Spitzer belegen, dass wir Dinge, die wir unter Angst lernen, in unserem Gehirn in einem negativen Bereich abspeichern. Immer wenn wir dieses Wissen hervorholen, kommt die Angst gleich mit. Daher steht uns dieses Wissen dann, wenn wir es tatsächlich zur Lösung eines Problems bräuchten, nicht zur Verfügung. Das gilt nicht nur für Caesars Genetiv.

2. Die Langeweile

Misst man die Gehirnströme von Kindern im Laufe eines Tages, so zeigt sich, dass diese, selbst wenn sie noch halb schlaftrunken mit dem Bus oder der Bahn in die Schule fahren, höher sind als während der ersten Unterrichtsstunde. In den Pausen steigt die Gehirnaktivität an, um in der nächsten Unterrichtsstunde wieder abzusinken. Am Nachmittag nach der Schule sind die Gehirnaktivitäten deutlich größer, wenn die Kinder sich mit den Dingen beschäftigen, die sie interessieren. Das sind leider nicht immer sehr vorteilhafte, wenn man an die Verlockung durch Computerspiele denkt. Vereinfacht gesagt, lassen die Kinder den Vormittag unbeteiligt über sich ergehen. Ihr Leben beginnt am Nachmittag.

Lernen erleben die meisten Schüler in zwei völlig getrennten Parallelwelten. Studien des Glücksforschers Mihály Csíkszentmihályi zeigen, dass die Schüler sich am wohlsten auf den Gängen und im Buffet gemeinsam mit ihren Freunden fühlten. Dagegen empfanden sie 75 Prozent der Dinge, die sie im offiziellen Unterricht tun mussten, als demotivierend. Interessant ist, dass sowohl die Motivation als auch die Aufmerksamkeit bei freiwilligen Übungen, die außerhalb des offiziellen Unterrichts stattfanden, durchaus hoch waren. Es ist folglich keineswegs mangelndes Interesse, zu lernen, sondern ganz offensichtlich die Art des klassischen Schulunterrichts, die Schüler so abstieß. Eine Erfahrung, die viele Eltern teilen werden, die sich immer wieder wundern, mit welcher Begeisterung ihre Kinder oft sehr schwierigen Hobbys in ihrer Freizeit nachgehen, um sich gleichzeitig zu weigern, auch nur einfachste Dinge zu lernen, sobald diese mit der offiziellen Schule zu tun haben.

Das Wissen, wie eine Schule aussehen müsste, die sich an den individuellen Bedürfnissen der Schüler orientiert, ist bekannt. Es gibt die Schulen, in denen sich die Schüler und die Lehrer jedes Jahr auf den Schulbeginn freuen. Der deutsche Filmemacher Bernhard Kahl zeigt sie in seinem Film „Treibhäuser der Zukunft“. In Österreich braucht man nur die prämierten Projekte der Köck Privatstiftung (www.koeck-stiftung.at), die Erfolge der COOL Impulsschulen (www.cooltrainers.at) oder die Theaterprojekte des Vereins KUKUSCH (www.kukusch.at) zu studieren, um faszinierende Beispiele zu finden. Die guten Schulen basieren auf bestimmten Prinzipien:

- Die Schüler werden systematisch in ihren Stärken und Schwächen erfasst und entwickeln sich ständig weiter. Die Definition von Talent umfasst gleichberechtigt kognitive, sportliche, künstlerische, emotionale und soziale Begabungen.
- Es besteht ein klarer Verhaltenskodex für Schüler und Lehrer, der auch konsequent umgesetzt wird. Für schwierige Fälle gibt es dafür ausgebildete Spezialisten.
- Die Zeitstruktur und die Räume der Schule orientieren sich an den Bedürfnissen der Schüler. Pausenglocken und starre Stundenpläne wurden abgeschafft.
- Lehrer bereiten nicht allein „ihre“ Stunden vor, sondern erarbeiten in Teams die Lernerfahrungen für ihre Schüler. Die Lehrer verbringen den ganzen Tag in der Schule und teilen sich ihre Zeit autonom ein. Sie haben moderne Arbeitsplätze und Räume für ihre Teambesprechungen.
- Ein exzellenter Direktor, der Menschen führen und begeistern kann. Dieser Direktor hat einen wesentli-

chen Einfluss auf die Auswahl seiner Lehrer und kann sich von den völlig ungeeigneten auch trennen.

- Der Unterricht geht über die klassischen Fächer wie Mathematik, Sprachen und Naturwissenschaften hinaus und umfasst Lernen in Projekten, Kunst, Sport und soziale Erfahrungen.
- Die Eltern werden von Anfang an in das Netzwerk der Schule eingebunden, sei das bei manchen auch noch so schwierig.
- Und das Wichtigste: Alle, der Direktor, die Schüler, die Lehrer und die Eltern, verstehen sich als Lernende. Lernende, die Fehler machen dürfen, ohne Sanktionen befürchten zu müssen; Lernende, die Widerstände in sich selbst und bei anderen zu überwinden lernen; Lernende, die nicht die Fehlschläge und gescheiterten Versuche, sondern die Erfolge und Fortschritte zählen.

Wenn wir so genau wissen, wie gute Schulen funktionieren, warum schaffen wir diese dann nicht für alle Kinder?

Die Antwort, auf die ich nach unzähligen Diskussionen mit den Verantwortlichen gekommen bin, ist banal und tragisch: Sie wollen das Offensichtliche nicht sehen, weil sie Angst vor dem Widerstand gegen das Neue haben. Sie klammern sich wider besseres Wissen am Alten fest. Sie orientieren sich nicht an den Reformern, sondern an den Bremsern. In der Wirtschaft gibt es den Spruch „Nicht die Großen fressen die Kleinen, sondern die Schnellen die Langsamen“. In der Schule herrschen die Langsamen über die Schnellen. Und da sich die Langsamen in der Schule überhaupt nicht bewegen, wird der Stillstand zur dominierenden Bewegungsart.

Es gibt katastrophale Schulsysteme, es gibt mittelmäßige und es gibt einige wenige gute. Zu den besten gehört Österreich schon lange nicht mehr. Katastrophal sind wir auch (noch) nicht. Wir sind schlicht mittelmäßig. In drei Bereichen sind wir sogar herausragend.

1. Bei der Identifikation der individuellen Schwächen jedes einzelnen Schülers: Ihr Kind schreibt großartige Aufsätze, macht aber noch viele Fehler? Unser System wird sich der lustvollen Hervorhebung jedes einzelnen Rechtschreibfehlers annehmen, statt den Stil und die Fantasie zu loben. Und selbst wenn Ihr Kind in Deutsch insgesamt hervorragend ist, aber dafür schlecht in Mathematik, dann wird man jeden Tag sein Scheitern dokumentieren, um ihm zu beweisen, dass es ein Versager ist. Das kann dann 9 bis 13 Jahre so gehen. Wenn Sie Pech haben, wird Ihr Kind jeden Tag mit dem gleichen Gefühl in die Schule gehen wie zum Zahnarzt.
2. Bei der sozialen Diskriminierung von Kindern von Migranten und bildungsfernen Schichten: Schüler A ist außergewöhnlich begabt, seine Eltern sind Arbeiter und er wohnt in einem abgelegenen Dorf. Die statistische Wahrscheinlichkeit dafür, dass er in Österreich eine Matura machen wird, liegt bei 10 Prozent. Schüler B ist das Kind von Akademikern und lebt in einem bürgerlichen Bezirk in Wien. Sein Talent ist wohlwol-

lend formuliert – überschaubar. Die statistische Wahrscheinlichkeit dafür, dass er in Österreich eine Matura machen wird, liegt bei 80 Prozent. So viel zur viel beschworenen sozialen Gerechtigkeit.

3. Bei den Kosten haben wir sogar alle Chancen, bald die klare Nummer eins zu werden. Wir haben derzeit das viertteuerste Schulsystem der Welt und sind auf dem besten Weg, das teuerste zu schaffen. Jetzt kann man natürlich einwenden, dass uns für unsere Kinder nichts zu teuer sein sollte. Das Problem ist nur, dass unsere vielen Steuermilliarden nie dort ankommen, wo sie eigentlich hinsollten, nämlich in den Klassenzimmern. Stattdessen versickern sie in einer aufgeblähten Verwaltung, im Kompetenzdschungel zwischen Bund und Ländern und in einem Lehrerdienstrecht, das die ganztätige Anwesenheit der Lehrer in den Schulen unfinanzierbar macht. Entgegen den ständigen Behauptungen der Schulpolitiker gibt es auch keinen positiven Zusammenhang zwischen den Kosten und der Qualität eines nationalen Schulsystems.

Der beste Beweis dafür sind die USA, deren öffentliche Schulen noch teurer als die österreichischen sind und sich trotzdem teilweise in einem katastrophalen Zustand befinden. Die wirklich guten Schulen in den USA sind meist teure Privatschulen. Die Plätze in den wenigen guten öffentlichen Schulen werden in Lotterien vergeben. Das ist kein Scherz. Interessierten sei der großartige Film „Waiting for Superman“ empfohlen. Diese „Amerikanisierung“

droht auch unserem Schulsystem. Jedem Spitzenpolitiker, der jetzt heftig gegen diese Panikmache aufschreit, brauchen wir nur eine Frage zu stellen: In welche Schule geben Sie Ihr eigenes Kind? Vorsichtige Recherchen haben ergeben, dass der Prozentsatz von Mandataren, die ihr Kind in die ideologisch von ihren Parteien jeweils so hochgelobte Neue Mittelschule oder Hauptschule geben, minimal ist. Der Regelfall sind AHS oder Privatschulen.

Wenn nicht eine grundlegende Reform gelingt, dann wird sich der Abstieg unseres öffentlichen Schulsystems fortsetzen. Jeder, der es sich irgendwie leisten kann, wird sein Kind in eine Privatschule geben. Im öffentlichen Schulsystem werden die Kinder der bildungsfernen Schichten übrig bleiben. Ich bin sehr für Privatschulen, weil sie den Eltern mehr Wahlmöglichkeiten bieten und den Veränderungsdruck erhöhen. Aber die Zukunft für ein kleines Land wie Österreich kann nur in einem öffentlichen Schulsystem liegen, das die Talente seiner Kinder fördert und nicht systematisch zerstört, nur weil jedes Vierte davon in die „falsche“ Familie am „falschen“ Ort geboren wurde.

Holen Sie das nächste Mal Ihr Auto von der Werkstätte ab, so denken Sie an jenen Tag, an dem ein Schüler von seinem Lehrer ins Leben entlassen wird. Ein Automechaniker, der bei einem Service einen Defekt übersieht, der anschließend den Fahrer das Leben kostet, wird vom Staatsanwalt verfolgt. Natürlich passiert auch Pfusch in Autowerkstätten, aber vom Werkstattleiter bis zum Lehrling ist zumindest im Hinterkopf jedem bewusst, dass er im Ernstfall zur Verantwortung gezogen werden könnte. Wenn eine Schule heute einen Schüler mit einem gültigen Abschlusszeugnis, aber ohne Bildung ins Leben entlässt und dieser baut einen Lebensunfall, dann muss sie keinerlei Konsequenzen fürchten. Wir schützen unsere Autos deutlich besser vor dem Totalversagen als unsere Schüler.

Wir müssten nur annähernd die Energie, die wir derzeit für unsere Autos aufwenden, in unsere Schulen investieren, dann bräuchten wir uns um unsere Schüler keine Sorgen zu machen. Autos werden regelmäßig auf ihre Zuverlässigkeit überprüft, weil es um das Leben von Menschen geht. Auch Lehrer sind für das Leben junger Menschen verantwortlich, dort gibt es aber keine regelmäßige Überprüfung ihrer Tauglichkeit. Wir werden Qualitätsstandards in unseren Schulen nur erreichen, wenn wir es überhaupt einmal wagen, in Begriffen wie „fahrlässiges Fehlurteil“ oder „schuldhafte Bildungsverweigerung“ zu denken. Das ist vor allem dringlich, seit die Schulinspektion im Jahr 1999 auf Druck der Lehrergewerkschaften de facto abgeschafft und durch ein „regionales Qualitätsmanagement“ mit „Selbstevaluierung“ ersetzt wurde. Der Rechnungshof hat dessen Ineffizienz mehrmals kritisiert. So wie der TÜV (Technischer Überwachungs-Verein) mit dem Pickerl über die Fahrtüchtigkeit jedes Autos wacht, ist es hoch an der Zeit, dass ein unabhängiger BÜV (Bildungs-Überwachungsverein) zumindest die Erreichung der Mindeststandards an jeder Schule prüft.

Daraus leitet sich ein Prinzip ab, das wir in unsere Verfassung schreiben und damit von jedem Bürger einklagbar machen sollten: Jedes Kind hat ein Recht darauf, dass seine Talente maximal gefördert werden.

Die Mütter und Väter, die Omas und Opas, die das Leiden ihrer Kinder jeden Tag erleben, wollen bessere Schulen jetzt, und nicht in 10 oder 20 Jahren. Wie oft haben mir frischgebackene Mütter und Väter ihre Ängste mitgeteilt, „dass sich auch für ihre Kinder nichts verändert haben wird."

Wenn jemand, der so wie ich kein Lehrer ist und noch dazu keine Kinder hat, seine Komfortzone verlässt und für ein Anliegen kämpft, dann hat er mit drei zutiefst österreichischen Fragen zu rechnen:

1. Darf der das?
2. Wer zahlt den?
3. Wie kann man das verhindern?

Österreich hat genug Bildungsexperten und braucht keine zusätzlichen. Ich habe eine andere Rolle. Mein erstes Buch DER TALENTIERTE SCHÜLER UND SEINE FEINDE hat eine einzige Frage gestellt: Wie gehen wir mit den Talenten unserer Kinder in der Schule um?

Diese Frage konnte nur von jemandem außerhalb des Systems kommen. Schule ist die einzige mir bekannte Disziplin, die sich gegen Kritik von außen prinzipiell abschottet. Kein Mensch käme auf die Idee, von einem Musikkritiker, der eine schlechte Kritik über ein Konzert geschrieben hat, zu verlangen, er solle gefälligst selbst auf die Bühne kommen und einmal die erste Geige spielen.

Warum dürfen „Nichtlehrer“ nicht laut sagen, dass es eine Schande für unser Land ist, dass jeder fünfte 15-Jährige nach neun Jahren Pflichtschule ein funktionaler Analphabet ist? Im Gegenteil, wäre es nicht unser aller Verpflichtung, öffentlich zu fragen, warum wir uns das viertteuerste Schulsystem der Welt leisten, damit unsere Kinder dann bei der Lesefähigkeit innerhalb der EU mit Rumänien um den letzten Platz wetteifern?

Irgendwann in der Geschichte wird immer die Frage nach der individuellen Verantwortung gestellt. Es gab und gibt die Nutznießer der tödlichen Schule, die nach außen den Eindruck erwecken wollten, dass diese quicklebendig in ihren besten Jahren sei. Sie plagt kein Schuldempfinden. Wenn man sie eines Tages mit den verheerenden Wirkungen des von ihnen vertretenen Systems konfrontieren wird, dann werden sie sich darauf berufen, dass alles gesetzlich gedeckt war und sie gar nicht anders hätten handeln können. Sie sollten sich nicht so sicher sein.

Seit dem Erscheinen meines ersten Buches sind mehr als vier Jahre vergangen. Positiv war, dass über das Wort „Talent“ überhaupt wieder diskutiert wurde. Geändert hat sich leider nichts. Durch das dauernde Reden über Reformen hat man nur versucht, den Eindruck zu erwecken, dass ständig alles besser wird. Ja bei manchen entstand sogar die Sehnsucht, man möge „unsere“ Schulen doch endlich in Ruhe lassen. Das erinnert an eine Familie, die Generationen lang darüber diskutiert, dass das Dach einmal erneuert werden sollte, es aber nie tut und sich dann wundert, dass irgendwann das ganze morsche Gemäuer einstürzt.

Um rechtzeitig aufzurütteln, habe ich dieses kleine Buch geschrieben. Wie Sie sicher schon gemerkt haben, sind es zwei Bücher. NIE MEHR SCHULE deckt die Missstände kompromisslos auf und macht betroffen. Es beschreibt die Krankheit. IMMER MEHR FREUDE zeigt den Weg der Therapie und Heilung. Die erfolgreichen Beispiele in Österreich und in vielen anderen Ländern geben Hoffnung, dass lebendige Schulen für alle Schüler möglich wären. Was sollen aber jene tun, die nicht die Möglichkeit haben, an eine solche zu wechseln? IMMER MEHR FREUDE ist auch eine Anleitung für Schüler, Lehrer und Eltern, wie man das System umgeht, austrickst und letztlich ausschaltet, um mit Freude zu lernen. Damit hilft man nicht nur sich selbst, sondern beschleunigt auch den notwendigen Wandel zur lebendigen Schule.

Die Lügen der Politik

1. Unser Schulsystem wird nur schlechtgeredet

Ist unser Bildungssystem wirklich so schlecht? Und wenn ja, warum stehen wir dann bei den Daten wie Jugendarbeitslosigkeit und Wirtschaftswachstum nach wie vor besser da als der EU-Durchschnitt?

Die Wahrheit ist, dass Österreich von den Leistungen der Vergangenheit zehrt, insbesondere dem dualen Ausbildungssystem und dem allgemein hohen Bildungs- und Wohlstandsniveau. Leider zeigen in den letzten 15 Jahren alle Indikatoren nach unten, mit Ausnahme der Kosten. Wenn die 15-Jährigen nicht mehr lesen können, dann entziehen wir unserem dualen System selbst die Grundlage, ganz abgesehen von den katastrophalen Folgen für jeden einzelnen Betroffenen. Die messbaren Leistungen vor allem in der immer größer werdenden Risikogruppe der Kinder bildungsferner Schichten sind auf ein erschreckendes Niveau abgesunken. Im Gegensatz dazu haben die skandinavischen und viele asiatische Länder den Wert von Bildung erkannt und uns schon lange überholt. Einige Fakten und ihre Folgen:

- Land der Hilfsarbeiter: Acht von zehn Bewerbern um eine Lehrstelle scheitern ungeachtet eines positiven Hauptschulabschlusses bei den Aufnahmetests, die mittlerweile alle großen Unternehmen durchführen. Dabei werden die Grundrechnungsarten, Prozentrechnungen und einfachste Deutschkenntnisse überprüft. Selbst von jenen, die eine Lehrstelle bekommen, schafft dann jeder Fünfte die Lehrabschlussprüfung nicht.[1] Dazu kommen noch jene, die erst gar nicht zur Prüfung antreten.
- Generation No Future: Nur fünf Prozent der Schüler aus Migrantenfamilien oder aus bildungsfernen Schichten schaffen es trotz der schlechten Voraussetzungen, gute Leistungen in der Schule zu erbringen.
- Land der Nachhilfelehrer: Mehr als drei Viertel der Eltern werden nach Dienstschluss zum unfreiwilligen Nachhilfelehrer ihrer Kinder. Sie leisten laut einer AK-Studie gratis die Arbeit von 47.000 Vollzeitbeschäftigten. Allein in Wien geben Eltern 866 Euro jährlich pro Kind zusätzlich für Nachhilfe aus.
- Die Kluft zwischen den guten und den schlechten Schulen ist in Österreich riesig: So beträgt der Unterschied zwischen zwei Schülern, die in einer Schule in günstigem oder ungünstigem Umfeld unterrichtet werden, über hundert PISA-Punkte. Das entspricht der Lernleistung von zweieinhalb Schuljahren! Damit zeigt sich umso mehr die Notwendigkeit, unsere Schulen mit Bildungsstandards vergleichbar zu machen, um an den schlechtesten Schulen auch entspre-

chende Konsequenzen ziehen zu können. Aber so lange an einer gescheiterten Schule ein Wechsel der Schulleitung wegen Unfähigkeit und verpflichtende Schulungsmaßnahmen für das komplette Lehrerteam tabuisiert bleiben, werden die schlechten Schulen immer schlechter werden – und deren Schüler gleichfalls.

- Österreich ist in der ganzen Welt als Land der Musik bekannt. Es gibt wohl nur wenige Menschen, die die Melodien von Mozart oder Strauß nicht kennen. Es ist eine nationale Schande, dass nicht einmal jedes Kind, das über Talent verfügt, auch tatsächlich einen Platz in einer öffentlichen Musikschule erhält.
- Land der Kulturbanausen: Wie gehen wir überhaupt mit dem Nachwuchs an jungen Künstlern um? Unser „Volk, begnadet für das Schöne“ spart bei den Freigegenständen wie „Theaterspielen“ und deklassiert „Bildnerische Erziehung“ oder „Musikerziehung“ noch immer zu „Nebengegenständen“. Damit schneiden wir uns selbst den Ast ab, auf dem unsere Kultur aufbaut. All das geschieht in einem Land, das (noch) zu den zehn reichsten der Welt gehört. Wenn die nächste Generation nicht mehr ausreichend lesen kann, nichts von bildender Kunst versteht und nie selbst Theater gespielt hat, brauchen wir irgendwann nicht mehr die Kulturbudgets zu kürzen. Wir sperren dann einfach die Theater, Konzertsäle und Museen zu. Das ist dann Sparsamkeit bis zur letzten Konsequenz.

Wohin ein Raub der Bildungschancen und eine Erziehung zur Mutlosigkeit führen, zeigen die Beispiele von Griechenland und Spanien. Unvorstellbare 50 Prozent der jungen Menschen sind arbeitslos, das heißt jeder zweite Jugendliche, den wir dort auf der Straße sehen, hat keine Arbeit. Das betrifft tragischerweise aber nicht nur Schulabbrecher, sondern auch junge Menschen, die in der Mindestzeit studiert haben und mehrere Sprachen sprechen, die also alles getan haben, was ihre Eltern von ihnen verlangt haben. Der Grund dafür ist eine Seuche, die sich in allen Schulsystemen in Europa immer mehr ausbreitet – die Erziehung zur Mutlosigkeit.

Jahrzehntelang wurde Kindern in der Schule Risikobereitschaft, Kreativität und vor allem jeder Unternehmungsgeist ausgetrieben, um sie zu gut gebildeten Angestellten oder zu braven Sachbearbeitern auszubilden. Die Begegnung mit Künstlern, Unternehmern, Sozialunternehmern oder Wissenschaftlern fand im Regelunterricht fast nie statt. Junge Menschen lernten daher überhaupt keine anderen Lebenskonzepte als die ihrer Eltern und Lehrer kennen, die sie zwar als wenig attraktiv, aber zumindest sicher empfanden. Seit der Staat nicht mehr unbeschränkt Berufsanfänger aufnehmen kann, fühlen sie sich verraten, hilflos und wütend. Die Zukunft erfordert selbstbewusste, mutige junge Menschen, die nicht geduldig darauf warten, dass der Staat irgendeinen Job für sie schafft, sondern die den Mut aufbringen, selbst etwas zu unternehmen. Damit soll natürlich keineswegs die Schuld auf den Einzelnen abgeschoben werden. Ganz im Gegenteil, die Jugendlichen sind sowohl das Opfer eines rücksichtslosen Finanzkapitalismus als auch einer verfehlten Bildungspolitik.

Fazit: Wer über mehr Bildung verfügt, wird seltener gekündigt, verdient mehr und zahlt daher höhere Steuern, ist in geringer Gefahr, kriminell zu werden, wird seltener krank und lebt deutlich länger. Diesen Bildungsreichtum vererbt er mit hoher Wahrscheinlichkeit an seine Kinder. So einfach ist das. Trotzdem leugnet die Politik in Österreich diese eindeutigen Zusammenhänge und versucht den Absturz unseres Bildungssystems schönzureden. Die Sozial- und Gesundheitskosten werden explodieren, weil man jeden fünften jungen Menschen in neun Jahren im Schulsystem völlig vernachlässigt, um ihn danach 60 Jahre erhalten zu müssen. Das ist ziemlich dumm.

2. Wir brauchen mehr Lehrer und mehr Geld

Im Jahr 1971 hatten wir 1,241.536 Schüler und 68.342 Lehrer.

Im Jahr 2011 haben wir 1,166.525 Schüler und 124.921 Lehrer.[2]

Einfach formuliert: Die Zahl der Schüler ist in den letzten 40 Jahren mit Schwankungen leicht gesunken, die Zahl der Lehrer hat sich fast verdoppelt.

Dividiert man die 1,166.525 Schüler durch die 124.921 Lehrer, dann kommt man auf ein Betreuungsverhältnis von 9,3 Schülern pro Lehrer. Das wäre besser als in den teuersten Privatschulen der Welt, zumindest theoretisch. Jetzt werden Sie sich fragen, warum viele Schulen dann so damit kämpfen, die gesetzlich vorgeschriebene Höchstzahl von 24 Schülern pro Klasse zu schaffen? Wohin verschwinden all die vielen Lehrer, die nie im Klassenzimmer ankommen?

Ein kleiner Teil dieses Widerspruchs lässt sich objektiv schnell aufklären. Es gibt Kinder mit besonderen Bedürfnissen, die in kleinsten Gruppen von Sonderpädagogen betreut werden, und es gibt natürlich wie in jeder großen Organisation Teilzeit, Krankenstände und Karenzzeiten. Kalkuliert man diese Umstände mit großzügigen 20 Prozent ein, kommt man aber noch immer auf ein Lehrer-Schüler-Verhältnis von 1 zu 11,6.

Alle anderen Faktoren sind Ausfluss eines verrückten Systems, das auch bei sinkenden Schülerzahlen immer mehr Lehrer benötigt. So leisten wir uns zum Beispiel 402 Volksschulen, die von weniger als 25 Schülern besucht werden. In 58 Volksschulen gibt es weniger als 10 Schüler! Im Burgenland ist fast jede dritte Schule eine Kleinschule. Ein burgenländischer Bürgermeister wurde sogar wegen der Fälschung der Zahlen der Kinder an seiner Kleinschule wegen Amtsmissbrauchs verurteilt. In seiner Gemeinde gilt er als Held. Das System der Klein- und Kleinstschulen wird von den Ländern mit Zähnen und Klauen verteidigt. Dass Kleinstschulen, an denen es oft überhaupt nur einen Direktor gibt, der gleichzeitig unterrichtet, weder pädagogisch sinnvoll noch finanziell tragbar sind, ist ihnen dabei egal. Um den Bruchteil der Kosten könnte man jedes Kind von zu Hause mit einem Bus abholen und zu einer guten Schule mit entsprechender Infrastruktur bringen lassen. In

Südtirol löst man dieses Problem mit Schulverbünden, in denen ein Direktor für mehrere Schulen verantwortlich ist. Aber Lokalpatriotismus wider alle Fakten war in Österreich schon immer populär.

Der zweite, noch gewaltigere Kostentreiber ist das absurde Lehrerdienstrecht, das in 17 Gesetzen und Verordnungen geregelt ist. Ein Wort werden Sie dort nicht finden: individuelle Leistung. Diese spielt weder für die Karriere noch für die Bezahlung eines Lehrers irgendeine Rolle. Das eherne Grundprinzip dieses mit Absicht komplizierten Systems ist dem Laien schnell erklärt: Wir bezahlen den besonders tüchtigen Lehrern möglichst wenig, um damit die weniger tüchtigen besonders zu fördern. Das Maß aller Dinge sind die sogenannten Werteinheiten. So ist zum Beispiel eine Stunde Deutsch 1,167 Einheiten, eine Stunde Theaterspielen dagegen nur 0,875 Einheiten wert. Einige besonders Kundige wissen die Schwachstellen im System auszunutzen. So gibt es HTL-Lehrer, die mehr als 10.000 Euro im Monat brutto verdienen. Das betrifft keineswegs nur einige wenige Einzelfälle, sondern die Zahl dieser „Werteinheitenmaximierer" liegt deutlich im dreistelligen Bereich. Das sollte vor allem die 99,9 Prozent der übrigen Lehrer empören, die während ihrer gesamten Dienstzeit trotz vieler Überstunden niemals auch nur die Hälfte bekommen werden.

Es geht nicht darum, den Einzelnen, der ein krankes System zu seinem Vorteil ausnützt, an den Pranger zu stellen, sondern diesen den Verantwortlichen durchaus bekannten Missbrauch mit einer Transparenzdatenbank abzustellen. So wie sich in der Politik alle Bezüge am Bundespräsidenten orientieren, sollte an Schulen das Gehalt des Direktors die absolute Obergrenze für alle Lehrer sein. Derzeit funktioniert das Lehrerbesoldungsrecht wie der Taxameter im Taxi. Wenn man dieses länger in Anspruch nehmen will, wachsen die Kosten ins Astronomische. Dem Steuerzahler geht es wie einem unerfahrenen Reisenden, der sich am Flughafen in einem fremden Land von einem Privattaxifahrer einfangen lässt und dem am Ende dann eine absurd hohe Rechnung präsentiert wird. Allein im Schuljahr 2010/2011 wurden 3,7 Millionen Überstunden „verbraucht", obwohl wie am Anfang dargestellt in Österreich überhaupt nur an jedem zweiten Tag im Jahr Unterricht stattfindet.

Die Opfer dieses Denkens in Werteinheiten sind oft die Kinder. So wehren sich viele Eltern, dass ihrem Kind plötzlich ein SPK (Sonderpädagogischer Förderbedarf) aufgezwungen wird, der objektiv nicht notwendig ist, aber dazu führt, dass die Schule durch die zusätzlichen „Werteinheiten" Klassen günstiger teilen kann. Ich habe in meiner Zeit als Schüleranwalt mehr als einmal erlebt, dass Kinder nach dem von mir empfohlenen Schulwechsel problemlos den Abschluss an der neuen Schule ohne SPK schafften.

Fazit: Leicht abnehmende Schülerzahlen führen zu steigenden Kosten, leicht steigende Schülerzahlen lassen die Kosten explodieren. Sinkende Kosten kennt das System nicht.[3] Die Wahrheit ist, dass in unserem Schulsystem „griechische Verhältnisse" herrschen, in denen niemand mehr genau weiß, wohin die Milliarden von Steuergeldern versickern und die 124.921 Lehrer tatsächlich verschwinden. Was wir brauchen, ist eine Totalreform des Lehrerdienstrechts, das derzeit dem von Fließbandarbeitern in Fabriken entspricht. Diese Umstellung auf ein zeitgemäßes Berufsbild des Lehrers, mit modernen Arbeitsplätzen, leistungsgerechter Bezahlung und Aufstiegschancen, muss endlich im Parlament beschlossen werden, auch gegen die Lehrergewerkschaft. Das 21. Jahrhundert können auch sie nicht wegstreiken.

3. Ab jetzt wird alles besser

Konzentrieren wir uns auf drei Fragen: 1. Können unsere Schüler lesen? 2. Wie hat sich der technische Fortschritt auf unsere Schulen ausgewirkt? 3. Wie intensiv werden unsere Lehrer fortgebildet?

1. Wir sind ein Land der Analphabeten: Bei PISA 2003 betrug der Anteil der Risikogruppe, jener Kinder, die nicht sinnerfassend lesen konnten, 20 Prozent. Bei PISA 2006 verschlechterte er sich trotz aller angekündigten Maßnahmen leicht auf 21 Prozent. Bei PISA 2009 stürzten Österreichs Schüler beim Lesen innerhalb der EU auf den zweitschlechtesten Rang ab. Nur Rumänien lag hinter uns. Die berechtigten methodischen Zweifel an der PISA-Studie ändern nichts daran, dass auch andere internationale und österreichische Studien immer zum gleichen Ergebnis führen: Jeder fünfte 15-Jährige in Österreich kann nicht

sinnerfassend lesen, jeder zehnte ist de facto ein Analphabet. Zusammen mit den Niederlanden hat Österreich den größten Anteil männlicher Leseverweigerer, nämlich 61 Prozent, die in der Freizeit niemals zum Vergnügen lesen.

All das ist zum Weinen in einem Land, das hervorragende Schriftsteller von Stefan Zweig, Franz Werfel, Robert Musil bis zu Peter Turrini, Peter Handke und Nobelpreisträgerin Elfriede Jelinek hervorgebracht hat.

2. Unsere Schulen leben im technologischen Steinzeitalter. Nach wie vor haben Österreichs Lehrer nicht einmal einen persönlichen Computer. An HTL oder HAK sind persönliche E-Mail-Adressen von Lehrern mittlerweile üblich, an den AHS weiterhin die Ausnahme. Ein alle Lehrer umfassendes Netzwerk ist nicht einmal angedacht. Die wichtigste Hardware ist nicht der Laptop, sondern die Tafel, die wichtigste Software ist nicht Microsoft, Mac oder Open Source, sondern Kreide. Das führt dazu, dass administrative Routinearbeiten wie Klassenbücher, Fehlstunden, Stundenpläne usw. an den meisten Schulen noch mit der Hand durchgeführt werden.

3. Die Fakten zur Lehrerausbildung: Die verpflichtende Fortbildung für Pflichtschullehrer beträgt 20 Stunden im Jahr, die der AHS-Lehrer 0 Stunden. Sie haben richtig gelesen. Es ist gesetzlich voll gedeckt, dass sich ein AHS-Lehrer in den 35 Jahren seiner Berufszeit keine einzige Stunde fortbildet. Entsprechend ist dann sein Wissensstand. Zum Vergleich: In Großbritannien haben Lehrer pro Jahr fünf verpflichtende Fortbildungstage, in Singapur hundert Stunden.

Dass es der AHS-Lehrergewerkschaft bisher gelungen ist, ihren Berufsstand, dessen Hauptzweck das Lernen ist, ein Leben lang vor der Verpflichtung, selbst zu lernen, zu bewahren, ist erschütternd. Noch viel schlimmer ist die Tatsache, dass bis heute keine Regierung den Mut aufgebracht hat, daran etwas zu ändern. Das ist so, als ob man es den Chirurgen freistellen würde, sich vor einer Operation die Hände zu waschen oder nicht, anstatt es bei Strafandrohung gesetzlich zu verordnen. Natürlich bilden sich die meisten Lehrer auch in ihrer Freizeit und um ihr eigenes Geld fort. Sie haben mich dringend ersucht, den geschilderten Missstand öffentlich zu machen.

Die Liste der immer wieder angekündigten, aber nie realisierten Reformen ließe sich endlos fortsetzen: Die Bildungskompetenzen zwischen dem Bund und den Ländern sind ungeachtet eines einstimmigen Regierungsbeschlusses nach wie vor zersplittert. Die Bezirksschulinspektoren inspizieren trotz ihrer oftmals verkündeten Abschaffung weiter, auch die Abschaffung der Landesschulräte hat nur auf dem Papier stattgefunden, die Bildungsstandards sind zahnlos, die Zentralmatura wurde bereits verschoben und von parteifreien Direktorenbestellungen wagen nicht einmal Berufsoptimisten zu träumen. Das neue Lehrerdienstrecht wird entweder mit einer Totalkapitulation der Regierung enden oder, noch wahrscheinlicher, wie immer verschoben werden. Damit offenbart sich auch die geheime Strategie jeder Regierung der letzten 25 Jahre bei Verhandlungen mit der Lehrergewerkschaft: Auch wenn wir umfallen, Hauptsache, die Richtung stimmt.

Schulreform in Österreich endet immer im Strudelteig. Er zieht sich und zieht sich, wird immer länger und dünner, bis er reißt. Dann beginnt die Suche nach dem Schuldigen. Viel zu lange haben sich Schüler, Lehrer und Eltern wechselseitig als Feindbilder missbrauchen lassen. Dabei wird der Kampf um bessere Schulen an einer ganz anderen Front ausgetragen. Auf der einen Seite stehen die Verteidiger der tödlichen Schule und auf der anderen die Wegbereiter der lebendigen Schule. Wie ein tiefer Graben zieht sich dieser Konflikt durch die Reihen der Schüler, der Lehrer und der Eltern.

Schüler, Eltern und Lehrer wollen sich nicht mehr vertrösten lassen. Sie finden die doppelseitigen Inserate mit glücklich strahlenden Kindern zum Kotzen. Zu sehr erinnert diese Propaganda an Diktaturen, die ständig auf eine bessere, ferne Zukunft vertrösten, um Menschen ihr Alltagsleid vergessen zu lassen. Das funktioniert nur nicht. Menschen sind weder in Diktaturen noch in Demokratien so dumm, wie sich das die Regierungen wünschen. Der große Vorteil in Demokratien ist, dass Menschen sich wehren können, ohne um ihre Freiheit und ihr Leben zittern zu müssen. Jeder Krug geht so lange zum Brunnen, bis er bricht. Die Illusion, dass die Politik endlich eine umfassende Schulreform zusammenbringt, ist schon lange zerbrochen.

„Ungewissheit lässt Menschen in eine Partei eintreten – und Scham hält sie davon ab, die Partei wieder zu verlassen."

Marquis von Halixfax

Die Irrtümer der Lehrergewerkschaft

Die Lehrergewerkschaften haben recht bei der Forderung nach Aufstiegschancen, nach Supervision für alle Lehrer und nach mehr psychologischer Unterstützung durch Experten. Sie verbeißen sich aber genau in jene Themen, wo sie nachweisbar falsch liegen. Falsch, weil ihr Verständnis von Unterrichten dem Stand der Wissenschaft widerspricht, falsch, weil alle guten Schulen der Welt eben nicht nach den von ihnen verteidigten Prinzipien funktionieren, und falsch, weil sie die grundlegenden Erkenntnisse der Motivationstheorien nicht kennen. So werden Menschen im Beruf nicht unglücklicher, weil sie sich mehr anstrengen müssen, sondern wenn sie keinen Sinn hinter ihren Mühen sehen. Einen hohen Berg zu erklimmen macht uns sogar glücklicher, als wenn wir uns nur an niedrige wagen. Die Voraussetzungen, um durch zusätzliche Anstrengungen mehr Freude zu empfinden, bestehen darin, dass wir gut auf die Aufgabe vorbereitet wurden, dass wir autonom entscheiden können, wie wir sie bewältigen und wir den Sinn für uns erkennen. Und im Team macht Bergsteigen den meisten Menschen deutlich mehr Freude als im Alleingang.

Übersetzt für die Lehrergewerkschaften hieße das, für eine bessere und praxisnahe Ausbildung zu kämpfen, mehr Autonomie der Schulen durchzusetzen und vor allem den Lehrer als Teamarbeiter und nicht als Einzelkämpfer zu sehen. Leider konzentrieren sich die Lehrergewerkschaften aufs Feilschen um Werteinheiten und vor allem aufs Jammern.

1. Lehrer sind überbelastet und können nicht länger in der Schule bleiben

Die Klagen der Lehrergewerkschafter, dass der Beruf des Lehrers besonders stressfördernd sei, klingen durchaus plausibel. Jeder, der einmal den hohen Lärmpegel in vielen Klassen, das Bändigen von „verhaltensoriginellen" Kindern sowie die Ablenkung durch Handys vom Unterricht erlebt hat, kann sich das leicht vorstellen. Die Frühpensionierungen bei Lehrern und die Anfälligkeit für Burnout sind tatsächlich signifikant hoch.

Eine Potsdamer Arbeitsgruppe ist in einer großen Studie[4] den Ursachen dafür nachgegangen. Dabei wurden die Belastungen der Lehrer durch Stress mit jenen von Erziehern, Krankenpflegern, Strafvollzugsbeamten, Polizisten, Feuerwehrleuten und Jungunternehmern verglichen. Die Studie gelangt zu dem Ergebnis, dass bei Lehrern das krankmachende Verhaltensmuster Stress und Burnout am häufigsten auftritt. An zweiter Stelle kommen die Erzieher, die aber nur mehr halb so viel Stress empfinden. Es folgen Krankenpfleger, Strafvollzugsbeamte, Polizisten, Feuerwehrleute und Jungunternehmer. Also alles Berufe, denen man ebenfalls sehr belastende Tätigkeiten zuordnen würde, deren Vertreter aber subjektiv im Vergleich zu den Lehrern deutlich weniger Stress empfinden. Jungunternehmer, die objektiv ein hohes existenzielles Risiko tragen, stehen auch unter starkem Stress. Sie sind allerdings von allen verglichenen Berufsgruppen am gesündesten und haben das geringste Burnout-Risiko. Das hängt damit zusammen, dass Jungunternehmer das höchste Maß an Freiheit und Selbstbestimmung genießen. Diese beiden Werte sind offensichtlich der beste Schutz gegen Burnout.

Eine der wichtigsten Erkenntnisse der Stressforschung lautet: Ob Menschen in einer bestimmten Situation Stress empfinden, hängt nicht davon ab, wie belastend diese objektiv ist, sondern wie man sie subjektiv empfindet. Lehrer haben also nicht objektiv doppelt so viel Stress wie Polizisten, sie empfinden das aber so. Das erklärt auch das verblüffendste Ergebnis der Untersuchung:

Mit 25 Prozent ist der Anteil der Burnout-Gefährdeten bei Lehramtsstudierenden gleich hoch wie bei jenen Lehrern, die 35 Jahre im Beruf sind. Das heißt, der hohe Anteil an Lehrern mit Burnout kommt nur selten daher, dass gute Lehrer im Laufe ihrer Berufslaufbahn einfach „ausbrennen“, sondern davon, dass ein Viertel der Lehramtskandidaten bereits während des Studiums nie für den Beruf des Lehrers gebrannt hat, weil er nicht der richtige war. Das bestätigt auch, dass 60 Prozent jener Lehramtsstudenten, die „sich sehr unsicher waren, ob der Lehrerberuf der richtige Beruf für mich ist", später tatsächlich im Burnout landeten. Bei den Studenten, die „sich sehr sicher bei der Wahl des Lehrerberufs waren", sind es später nur knapp über 10 Prozent, die tatsächlich ein „Burnout" erleiden.

Im Gegensatz zu Staaten wie Finnland kann in Österreich derzeit jeder Maturant ohne Überprüfung seiner Eignung AHS-Lehramt studieren oder mit einer sehr niederschwelligen Hürde Pflichtschullehrer werden. Das ist eines der Grundübel unseres Schulsystems. Es führt dazu, dass leistungsschwache und stark sicherheitsorientierte junge Menschen in den für sie ungeeignetsten Beruf „flüchten" können, dort schon burnout-gefährdet sind, bevor sie überhaupt das erste Mal einen Klassenraum betreten haben, sich dann jahrzehntelang selbst und vor allem Generationen von Schülern quälen, um irgendwann krankheitshalber in der Frühpension zu enden. Das kostet unsere Gesellschaft viel Geld und – noch schlimmer – verursacht psychisches und physisches Leiden bei allen Betroffenen. Und das Ganze nur deshalb, weil man nicht den Mut hat, einem jungen Menschen, der offenkundig nicht für einen der schwierigsten Berufe unserer Zeit geeignet ist, rechtzeitig klar und deutlich „Nein" zu sagen.

Es gibt gute Gründe dafür, warum sich angehende Flugzeugpiloten oder Herzchirurgen nicht selbst beurteilen, sondern sehr harten Auswahlprozessen unterzogen werden. Aus Orientierungslosen kann man keine Flugzeugpiloten machen, aus Menschen, die kein Blut sehen können, keine Herzchirurgen und aus introvertierten Langeweilern keine Lehrer. Auch Lehrer werden ihr gesamtes Berufsleben am Herzen junger Menschen operieren. Das Potenzial, mit Kindern richtig zu kommunizieren und sie für neue Inhalte begeistern zu können, kann man schnell durch entsprechende Assessment-Verfahren herausfinden.

Alle guten Schulen auf der Welt, die ich persönlich gesehen habe, sind Ganztagsschulen. Das trifft auf die teuersten Privatschulen in Großbritannien genauso zu wie auf Schulen für Risikokinder in den härtesten Ghettos von Pittsburgh oder Los Angeles. Trotzdem ist der Widerstand dagegen bei Schülern, Eltern und Lehrern in Österreich besonders ausgeprägt. Die Schüler befürchten, dass das lähmende Absitzen von 50-Minuten-Stunden, das sie derzeit am Vormittag erleben, dann am Nachmittag weitergeht. Die Eltern wollen die Zeit mit ihren Kindern nicht verlieren. Die Lehrer haben wenig Lust, mehr als die genau vorgegebene Unterrichtszeit in Schulen zu verbringen, in denen sie keine menschenwürdigen Arbeitsplätze haben.

In der tödlichen Schule sieht sich der typische Lehrergewerkschafter als mutiger Sprecher von ausgebeuteten Galeerenruderern, die unter unmenschlichen Arbeitsbedingungen gegen heftigen Gegenwind versuchen, die tonnenschwere Galeere langsam zu bewegen. Sein wichtigstes Anliegen ist es daher, vor allem jede zusätzliche Ruderzeit zu verhindern oder sie für den Schiffseigner so teuer zu machen, dass er sie sich nicht leisten kann und stattdessen zusätzliche Ruderer anstellen muss. Dass die Passagierzahlen auf den trägen Galeeren immer weniger und die Zahl der Ruderer im größer werden, kratzt ihn dabei wenig. Er ignoriert auch, dass in anderen Ländern moderne Motorschiffe den Mitarbeitern weit bessere Arbeitsbedingungen, vor allem aber den Passagieren eine deutlich schnellere und komfortablere Reise bieten. Davon hat er zwar gehört, aber daran glaubt er nicht. Und solange den Galeeren in seinem Land ihre Passagiere weiterhin zwangszugewiesen werden, wird er seine Schutzbefohlenen vor den Tücken der neuen Zeit bewahren. Und so rudern sie bis heute.

2. Lehrer müssen Experten ihres Faches sein und den Lehrplan erfüllen

Hier zum Vergleich die Gegenstände von zwei Jahreszeugnissen der 7. Klasse Gymnasium. Auf der gegenüberliegenden Seite sehen Sie eines aus dem Jahr 1935, das andere stammt aus dem Jahr 2012:

Zeugnis 1935	Zeugnis 2012
Religion	Religion
Deutsch	Deutsch
Latein	Latein
Griechisch	Griechisch
Geschichte	Geschichte
Geografie	Geografie
Naturgeschichte	Mathematik
Chemie	Biologie
Physik	Chemie
Mathematik	Physik
Philosophie	Psychologie und Philosophie
Körperliche Übungen	Bildnerische Erziehung
	Leibesübungen

Die genau abgegrenzten Gegenstände, die man in kleine Kinderköpfe hineinzustopfen versucht, sind fast identisch, sogar die Reihenfolge hat sich kaum geändert. Ganz oben steht die Religion, am Schluss der Körper.

Die Wahrheit ist, dass die Lehrinhalte sich seit fast 80 Jahren nicht verändert haben. Das Festhalten am klassischen Fächerkanon mit der absurden Teilung zwischen Geografie und Geschichte und das Ignorieren der immer wichtigeren sozialen Kompetenzen entspricht eindeutig nicht den Bedürfnissen der Schüler, sondern der Verteidigung von pädagogischen Herrschaftsgebieten.

Das Argument, dass ein Geografielehrer nicht die Fähigkeit haben kann, 10- bis 14-Jährigen Geschichte beizubringen, ist unzählige Male praktisch widerlegt. Lehrer müssen eben nicht Experten ihres Faches sein. Die rasante Entwicklung auf allen Wissenschaftsgebieten macht das sogar unmöglich. Es zeigt sich im Gegenteil, dass Lehrer Inhalte, die sie sich selbst neu erwerben müssen, ihren Schülern viel besser vermitteln können. Natürlich sollte man keinen Lehrer, der schon in seiner eigenen Schulzeit wenig begabt in Physik war, dazu zwingen, Physik zu unterrichten. Genau das ist aber die gesetzlich gedeckte Praxis in unseren Hauptschulen. Da sich AHS-Lehrer standhaft weigern, an der NMS zu unterrichten, wird sich daran auch nichts ändern.

Die „Taliban“ oder die „Tea-Party-Fraktion“ (© Claudia Schmied), wie die Verteidiger der tödlichen Schule genannt werden, gibt es an jeder Schule. Sie üben noch immer viel Macht aus, obwohl sie nur eine Minderheit der

Lehrer hinter sich haben. Historisch ist es immer so, dass die Inquisitoren der herrschenden Lehre ihre Macht knapp vor dem Kippen eines Systems mit besonderer Härte ausüben. Lehrer, die jede Schulstunde frontal vor ihrer Klasse stehend den im Lehrplan vorgeschriebenen Stoff vor sich hersagen, Schularbeiten pünktlich korrigieren und sich peinlich genau an die vom Gesetz vorgeschriebenen Anwesenheitspflichten halten, müssen sich nie für ihren Unterrichtsstil verantworten. Auch wenn sie damit in ihrer wichtigen Funktion, Lernfreude bei Kindern auszulösen, völlig versagen.

Dagegen stehen Lehrer, die Neues wagen, die mehr Zeit mit Schülern verbringen, als es das strenge Dienstrecht vorsieht, die andere Lehrer motivieren, gemeinsam fächerübergreifende Projekte zu machen, unter einem permanenten Rechtfertigungszwang. Sie gelten als überehrgeizig, als verhaltensauffällig oder gar als gefährlich für einen geregelten Schulablauf. Ein Direktor hat mir erzählt, wie er eine ausgezeichnete Junglehrerin, die bei Schülern und Eltern wegen ihres großen Einsatzes sehr beliebt war, wieder aufrichten musste, weil sie weinend über das Mobbing durch ihre Kollegen geklagt hatte. Das ist kein Einzelfall. Daraus folgt: Wer wenig tut, hat nichts zu befürchten. Wer wagt, verliert.

Vom ambitionierten Lehrer ist immer wieder Mut gefordert, von den Schülern und Eltern Solidarität. Sollte ein Lehrer eines Tages der Nichteinhaltung von dummen Vorgaben beschuldigt werden, dann sollte er sich darauf verlassen können, dass seine Schüler und deren Eltern Zeugnis für ihn ablegen. Den Maria-Theresia-Orden erhielten meist Soldaten, die einen Erfolg durch bewusstes Missachten eines Befehls erreicht hatten. Dieser sollte heute an Lehrer für eine Lehrplanverweigerung, die zur Rettung eines Talents geführt hat, verliehen werden.

3. Kluge Kinder brauchen AHS-Lehrer – dumme Kinder brauchen Hauptschullehrer

„Die englische Schulausbildung ist die beste der Welt – falls man sie überlebt."

Peter Ustinov

Folgt man der Argumentation der AHS-Lehrergewerkschaft, dann werden Kinder mit zehn Jahren nach ihrem Talent in solche getrennt, die es „im Kopferl" haben, und solche, die es „im Ärmel" haben. Interessanterweise haben es 80 Prozent der Schüler in Wien-Hietzing „im Kopferl" und 90 Prozent der Schüler in den ländlichen Gebieten von Tirol „im Ärmel". Ohne sich dessen bewusst zu sein, schicken Eltern im bürgerlichen Hietzing ihre Kinder in eine nicht leistungsdifferenzierte Gesamtschule. Dort erleben sie viel Frontalvortrag, wenig Individualisierung und in Folge teure Nachhilfe. Ein Drittel der Schüler langweilt sich, weil sie unterfordert sind, und ein Drittel kämpft ständig mit dem Überleben, weil sie überfordert sind. Die betroffenen Lehrer beklagen sich zwar darüber, dass sie Schüler unterrichten müssten, die aus ihrer Sicht nicht entsprechend vorselektiert wurden, aber letztlich trösten sich Schüler, Lehrer und Eltern mit einer Tatsache: Wir gehen in eine AHS.

Umgekehrt hat ein Kind in Tirol, wenn es in einem Gegenstand in der dritten Klasse (!) Volksschule ein „Befriedigend" hat, keine Chance, später an eine AHS zu kommen. Das führt dazu, dass Eltern der betroffenen Kinder dem Systemwahnsinn gehorchend fordern, dass ihre Kinder die dritte Klasse wiederholen dürfen, obwohl sie eindeutig positiv abgeschlossen haben.

Ich gehöre nicht zu jenen, die glauben, dass wir nur die Gesamtschule der 10- bis 14-Jährigen einführen müssten, damit sofort der schulische Himmel der individuellen Talentförderung ausbricht. Eine tödliche Schule wird nicht lebendig, weil man das Türschild ändert und sonst alles gleich lässt. Entscheidend sind daher Lehrer, die den ganzen Tag an der Schule arbeiten, die konsequent mit den Schwerpunkten individuelle Talentförderung und soziales Lernen weitergebildet werden sowie die pädagogische Autonomie der Schulen.

Unabhängig von der Diskussion über die Gesamtschule muss aber eines sofort geändert werden: Die Trennung in höhere Lehrer, die nur fachlich gut ausgebildet werden müssen, weil sie ja die „klugen" Kinder unterrichten werden, und Pflichtschullehrer, die vor allem pädagogisch gut ausgebildet werden, weil sie es ja mit den „dummen" Kindern zu tun haben werden. Der Unsinn, Gymnasiallehrer in Österreich vier bis fünf Jahre lang ausschließlich fachtheoretisch auszubilden, sie sogar Didaktik von einem Universitätslehrer lernen zu lassen, der nie in einem Klassenzimmer gestanden hat, um sie dann allein in ein Klassenzimmer zu stellen, hat zu der verheerenden pädagogischen Inkompetenz an vielen Höheren Schulen geführt. Sie ist auch die Ursache für die von einigen Hardcore-AHS-Lehrern hinter vorgehaltener Hand noch immer geäußerte Meinung, dass man das „Schülermaterial" in der Volksschule viel gründlicher „ausmisten" müsste.

Im Dreißigjährigen Krieg um die Gesamtschule wurde ein Waffenstillstand zwischen SPÖ und ÖVP geschlossen. Dieser wird höchstens bis zur nächsten Nationalratswahl halten. Die ungeliebten Hauptschulen werden wieder einmal (Integrierte Gesamtschule, Kooperative Mittelschule usw.) umbenannt, diesmal in Neue Mittelschule (NMS) bei gleichzeitiger Aufrechterhaltung der AHS-Unterstufe. Das hat zwei Konsequenzen: Die pädagogisch dringend reformbedürftigen AHS bleiben unangetastet. Und, wenig überraschend, zeichnet sich die NMS vor allem dadurch aus, dass sie deutlich mehr Lehrer braucht, weil diese in den Hauptgegenständen zu zweit unterrichten. Wie sie das tun und ob sie dafür besonders ausgebildet werden, bleibt völlig offen. Genauso wie die Tatsache, dass die Qualität der NMS entgegen allen Ankündigungen nie wissenschaftlich evaluiert wurde. Sie wird jetzt einfach in großflächigen Inseraten behauptet. Die Realität sieht anders aus:

Offiziell tut man „so, als ob" es für die AHS und die Hauptschulen gleiche Lehrpläne gebe. Eine Mutter hat zwei Söhne, einen in der AHS und einen in der KMS (Kooperative Mittelschule). So heißen in Wien die Hauptschulen, bevor sie jetzt in NMS (Neue Mittelschulen) umgetauft werden. Die Mutter stellt mit Schrecken fest, dass ihr Sohn in der KMS in Geografie nur drei Bundesländer und deren Landeshauptstädte lernen muss. Sie versucht ihm klarzumachen, dass das nichts mit unnötigem Schulwissen zu tun hat, sondern dass er die neun Bundesländer einfach in seinem ganzen Leben brauchen wird. „Nein, unsere Lehrerin hat gesagt, in der KMS brauchen wir nur drei Bundesländer zu können", beharrt ihr Sohn, der selbstverständlich ein „Sehr gut" in Geografie bekommt, weil er die drei Bundesländer brav gelernt hat.

Man muss kein großer Prophet sein, um zu erahnen, mit welchen großen Bildungsreformen sich SPÖ und ÖVP im kommenden Nationalratswahlkampf brüsten werden. SPÖ: Hurra, wir haben die neue Mittelschule durchgesetzt. ÖVP: Hurra, wir haben das Gymnasium gerettet.

Der Sieger ist einmal mehr die AHS-Lehrergewerkschaft, die gerade erfolgreich dabei ist, die absurde Trennung in AHS- und Pflichtschullehrer weiterhin einzuzementieren. Die Verlierer sind wie immer die Steuerzahler, die noch mehr Geld für ein tödliches Schulsystem zahlen müssen, und vor allem die Eltern, deren Kinder auch in Zukunft in kluge und dumme eingeteilt werden.

Die Selbsttäuschungen von uns allen

1. Bildung ist uns wichtig

„Die verlässlichsten Österreicher – das sind die gefährlichsten."

Karl Skraup

Erinnern Sie sich an den massiven Aufstand gegen die Kürzung der jährlichen Bausparprämie um 18 Euro im Jahr? Wie leise waren dagegen die Proteste der Eltern, dass sie im Jahr 2011 für private Nachhilfe 127 Millionen Euro ausgeben mussten? 18 Euro entsprechen nicht einmal einer professionellen Nachhilfestunde.

1,361.562 Österreicher unterschrieben das Konferenzzentrum-Volksbegehren. 383.724 Österreicher unterschrieben das Bildungsvolksbegehren.

Wie groß ist unsere Wut gegen den Anstieg des Benzinpreises und wie gleichgültig haben wir den Absturz unserer Schüler bei allen internationalen Bildungsvergleichen hingenommen?

Auch wenn das individuelle Leiden der Schüler groß, die Frustration vieler Eltern hoch ist und die Unzufriedenheit der Lehrer immer mehr steigt, die Schmerzen aller

Betroffenen sind offensichtlich noch nicht stark genug. Hand aufs Herz: Wären Sie bereit, für bessere Schulen auf die Straße zu gehen?

Die einzigen zwei größeren Demonstrationen zum Thema Schule in den letzten Jahren forderten nicht etwa radikale Reformen, sondern hatten beide dasselbe Grundanliegen: Wir wollen keine Stunde länger in der Schule bleiben. Die Lehrer konnten ihre Demonstration absagen, weil die Regierung bei ihrem Plan, die Stundenverpflichtung der Lehrer um zwei zu erhöhen, gleich von selbst umgefallen ist. Danach demonstrierten 60.000 Schüler erfolgreich dagegen, dass ihnen die schulautonomen Tage gestrichen werden sollten.

Und weil es uns allen eben nicht wichtig genug ist, bleiben unsere Schulen weiter ein Exerzierfeld für ideologische Verkrampfungen der Parteien, engstirnige Lehrergewerkschaftsinteressen, übersteigerten Föderalismus, unerfüllbare Elternwünsche, machtgierige Funktionäre, kleingeistige Schulbürokraten und existenzbedrohende Einsparungsfantasien. Alle aufgezeigten Gruppen verfügen über starke Lobbys. Dabei sollte unser Schulsystem ausschließlich dem Gemeinwohl dienen, um sicherzustellen, dass Eltern ihre Kinder guten Gewissens in jede öffentliche Schule schicken können. Das Gemeinwohl hat in Österreich aber keine Lobby. Daher schaut unser Schulsystem so aus, wie es ist. Wir alle sind dafür verantwortlich.

Andreas Salcher

Nie mehr Schule
IMMER MEHR FREUDE

Andreas Salcher

Nie mehr Schule

IMMER MEHR FREUDE

ecowin

Inhaltsverzeichnis

Gewidmet
allen Freunden der lebendigen Schule.

Die lebendige Schule – wo es sie schon gibt und wie sie funktioniert

„Das Gras wächst nicht schneller, wenn man daran zieht."
Afrikanisches Sprichwort

Anna, Mehtap, Melissa, Grete, Alexander und Maurice bilden eine Tischgruppe in der Stammgruppe ihrer Klasse. In den ersten beiden Stunden steht Mathematik auf dem Stundenplan, da die Fächer überwiegend in Doppelstunden organisiert sind. „Unter Dach und Fach" heißt ihr Thema. Sie sollen nicht nur die Formeln zur Berechnung von Körpern und Flächen lernen, sie basteln auch Modelle aus Holz, damit sie die Dimensionen buchstäblich begreifen. Das löst Neugierde aus. Heute werden sie die Oberfläche eines dreiseitigen Prismas berechnen. Davor haben sie keine Angst.

An 5 Tischen diskutieren die 30 Schüler Lösungsansätze und Formeln. Es herrscht eine ruhige, konzentrierte Atmosphäre. Zwei Kinder stecken die Köpfe zusammen: die blonde Melissa mit dem dunkelhaarigen Maurice. „Ich sitze neben ihm, weil er Mathe besser kann als ich", sagt die 15-Jährige. Jeder Schüler entscheidet selbst, welche Aufgaben er löst. Aber das Sechserteam ist dafür verantwortlich, dass alle mitkommen. „Anna sagt mir, wenn ich mich besser konzentrieren soll", sagt Mehtap.

So viel Anstrengung macht hungrig. Nach dem gemeinsamen Mittagessen in der Mensa haben die Schüler „Arbeits- und Übungsstunde". In ihrem selbst gestalteten „Cluster" steht ein Aquarium zwischen Holztischen, Sesseln, Bänken und Grünpflanzen. Die Möbel sind abgenutzt, aber gepflegt. Genauso wie der hellgraue Teppich, der überall in der Schule ausgelegt ist, das reduziert den ohnehin geringen Lärmpegel. Die Schüler nutzen die Zeit für ihre Wochenaufgaben, klassische Hausaufgaben kennen sie nicht. Grete arbeitet an einer Tabelle zu Virusinfektionen, Alexander und Maurice haben sich einen ruhigen Tisch im Cluster gesucht. Sie bereiten blaue und grüne Plakate für den sogenannten „Tischgruppenabend“ vor. Eine weitere Besonderheit der Schule.

Viermal im Jahr präsentieren die Schülerteams ihre Arbeiten zu Hause vor ihren Müttern, Vätern und Lehrern. Eine Familie ist jeweils der Gastgeber. Bei den Tischgruppenabenden zeigen die Schüler nicht nur, was sie in den Fächern Naturwissenschaften, Deutsch und Englisch erarbeitet haben, sondern wie bei jedem normalen Elternabend werden auch Konflikte in der Klasse besprochen, die Eltern erfahren alles über die nächste Exkursion oder das anstehende Praktikum. Aber wie im Unterricht ist auch die Information der Eltern keine Lehrer-Show, sondern diese werden ständig in den Dialog eingebunden. 20 dieser privat organisierten Elternabende besuchen die Lehrer im Laufe eines Schuljahres. Ganz schön viel Zeit, die Lehrer in die Elternarbeit investieren. Doch die rechnet sich, meint Petra, eine Lehrerin: „Ich kenne von jedem Schüler den Hintergrund, wir haben eine Vertrauensbasis. Dadurch entstehen viel weniger Konflikte.“

Alle in der Schule sind per Du, sogar den Direktor nennen alle „Wolfgang“. Dieses Duzen wirkt weder kumpelhaft noch anbiedernd, sondern ist ganz natürlich. Es ist Teil der Schulkultur, die man zwar nicht sehen, aber überall wie einen guten Geist spüren kann. „Ich finde es gut, dass wir die Lehrer duzen, wir vertrauen denen echt. Und die tun auch was dafür. Steffi fragt nach, wenn man traurig schaut", erzählt Mehtap. Die Lehrer sind keine Pauker, die vorn an der Tafel stehen und Monologe halten, sondern Lernbegleiter. Die Türen des Lehrerzimmers stehen immer offen. 12 bis 15 Lehrer bilden ein Jahrgangsteam. Sie gestalten die Stundenpläne, regeln die Aufsicht in den Pausen, vertreten sich gegenseitig, besprechen die Rhythmisierung des Stoffs oder wie sie mit Schülern umgehen. Ein Drittel der Lehrer ist in einer Leitungsfunktion, weil der Schulleiter viele seiner Kompetenzen an seine Lehrer übertragen hat.

Der Schulleiter Wolfgang Vogelsaenger sagt: „In der Tischgruppe sitzt der zukünftige Maurer neben dem späteren Architekten. Wenn sie bei uns gelernt haben, miteinander zu sprechen und zu arbeiten, dann schaffen die das auch als Erwachsene." Was er nobel verschweigt, ist, dass die Maturanten seiner Schule jedes Jahr zu den besten zwei Prozent ihres Bundeslandes gehören. In der lebendigen Schule sind Leistung und Chancengerechtigkeit kein Widerspruch. Das bestätigen auch „Schulfremde": „Mich beglückt es, zu sehen, wie sicher unsere Kinder ihre Arbeit präsentieren, wie sie sich wertschätzen, egal wie unterschiedlich sie sind. Das erlebt man nicht häufig im Arbeitsleben." Diese Schule, die nach dem Physiker Georg Christoph Lichtenberg benannt ist, gibt es wirklich.[1] Sie zeigt uns in der Gegenwart, wie die Schulen der Zukunft aussehen werden:

Die 9 bis 13 Jahre in einer lebendigen Schule sind wie ein angenehmer warmer Frühling, von dem man sich wünscht, dass er nie endet. Kinder sind gerne mit anderen Kindern zusammen und wollen nicht getrennt werden. Die lebendige Schule erlaubt, diese Entdeckungsreisen gemeinsam zu machen. Sie ist ein Ort, wo Kinder mit Freude lernen, ihre Welt jeden Tag ein bisschen besser zu verstehen.

Die alte Schule der Einzelkämpfer ist irgendwann ausgestorben. Fast zumindest. Natürlich gibt es noch immer autoritäre Eltern, die ihre Kinder in eine tödliche Schule schicken. Dort unterrichten Lehrer, die der Auffassung nachhängen, dass sie jenes Wissen, welches sie selbst vor 30 Jahren erworben haben und seitdem unbeschränkt zu besitzen glauben, ihren Schülern nach einem genau festgelegten 50-Minuten-Stundenplan beibringen könnten. Diese Lehrer werden nie ganz aussterben, aber immer weniger werden. Die geballte Macht aus Ignoranz konnte die Revolution des Lernens im 21. Jahrhundert zwar verzögern, aber nicht wegstreiken. Das skeptische Lächeln von Kaiser Franz Joseph I., der beim Anblick des ersten Automobils im Jahr 1916 gesagt hat: „Das wird sich nicht durchsetzen“, wird sie am Sammelplatz historischer Fehleinschätzungen vielleicht trösten.

Das neue Lernen hat sich durchgesetzt – unaufhaltsam. Am Anfang nur punktuell in manchen Klassenzimmern und an einzelnen Schulen. Irgendwann hat sich das alte Schulsystem aufgelöst wie ein böser Traum. Schüler verzweifeln nicht mehr am Frontalunterricht, sie lernen selbstständig je nach ihrem Talent, in ihrem eigenen Tempo und ohne Langeweile und Beschämung.

Aufgaben, die Schüler allein nicht lösen können, werden erst mit den Mitgliedern ihrer Lerngruppe diskutiert und wenn sie diese dann noch immer nicht zu hundert Prozent verstehen, können sie auf die Kompetenz eines Lehrers zurückgreifen. Das Internet und der Computer werden nicht als Gegner und Ablenkung bekämpft, sondern sind ganz natürliche Verbündete, um Wissen schneller zu sammeln und sich mit anderen darüber auszutauschen. Die Rolle der Lehrer wurde aufgewertet. Sie sehen sich als Lernbegleiter, Entwickler von besonderen Erfahrungen und Projektbetreuer. Vor allem sind sie Bezugspersonen, die helfen, die sozialen Fähigkeiten ihrer Schüler zu entwickeln. Die Schulen haben sich von Aufbewahrungsinstituten am Vormittag mit Lernpflicht am Nachmittag zu ganztägig geöffneten Orten des gemeinsamen Lernens von Schülern und Lehrern entwickelt. Eltern müssen nicht mehr den veralteten Schulstoff ihrer eigenen Schulzeit nochmals mit ihren Kindern nachpauken, sondern sie lernen Neues von ihnen. Und aus schulfremden Personen wie Künstlern, Gärtnern, Jungunternehmern, Entwicklungshelfern, Erfindern oder Sportlern sind gern gesehene Gäste geworden, von denen manche einige Wochen oder sogar Monate einen Hauch der echten Welt mitbringen.

Sind das die Utopien eines realitätsfernen Theoretikers, der keine Ahnung von der Praxis hat? Oder gar die

Visionen eines Verzweifelten, den seine Fieberträume plagen? Wer Visionen hat, dem wird in Österreich in guter Tradition empfohlen, zum Arzt zu gehen.

Es gibt Tatsachen, wie dass „zur Ader lassen“ kranke Menschen tötet und nicht heilt, die bestimmte Gruppen jahrhundertelang bekämpft haben. Irgendwann hat sich die Wahrheit dann gegen den Irrglauben durchgesetzt. Auch die lebendige Schule baut auf Wahrheiten auf. Ich möchte keine Behauptungen aufstellen, sondern Wahrheiten über die lebendige Schule offenlegen. Diese wurden in vielen Studien und in der Praxis bewiesen. Jeder kann ihre Gültigkeit selbst überprüfen.

Die sieben Wahrheiten der lebendigen Schule

1. Alles unterliegt dem Gesetz der Wertschätzung

„In unserer Gesellschaft rangieren Werte wie Jugend und Leistungsfähigkeit, Sportlichkeit, Dynamik sehr, sehr hoch. Deshalb ist es für viele Menschen schwer zu ertragen, dass wir so verlangsamt sind, dass wir so wenig reagieren können. Die Leute haben Angst vor uns. Das Einzige, was uns bleibt, ist, sie zu verführen, mit dem Lächeln, das wir haben, mit unserem Humor. Wenn der Kontakt einmal hergestellt ist, dann ist der Weg frei. Berührt uns."

Phillipe Pozzo di Borgo,
der querschnittsgelähmte Autor von
„Ziemlich beste Freunde"[2]

Die lebendige Schule sucht nicht die Perfektion, sondern die Berührung. Solange die Kanäle zwischen Menschen durch Unverständnis, Gleichgültigkeit und Misstrauen verstopft sind, können sie einander nicht wahrnehmen. Die Wahrnehmung des anderen in seiner ganzen Individualität ist Voraussetzung für Vertrauen. Wertschätzung kann sich wiederum nur aus Vertrauen entwickeln. Es wäre viel zu vereinfacht, zu behaupten, dass die lebendige Schule für soziales Lernen und die tödliche Schule für Frontalvortrag steht. Wenn es kein Grundvertrauen zwischen Lehrern und Schülern gibt, dann wird auch der gut gemeinte Projektunterricht immer nur an der Oberfläche bleiben.

Andererseits kann auch ein traditioneller Lehrer die Herzen seiner Schüler gewinnen, wenn sie spüren, dass er sie wertschätzt und bereit ist, sich auf ihre Welt einzulassen. Ein wunderbares Beispiel dafür liefert der Film „Monsieur Lazhar“, der so anders als die bekannten rührseligen Schuldramen ist. Er setzt nicht auf große Gesten und Worte, sondern erlaubt dem Zuschauer in seinen genau beobachteten Szenen, langsam seine eigene Sicht auf das Wesentliche zu entwickeln. Es geht um die Wiederentdeckung der Wechselbeziehung zwischen Lehrer und Schüler.

In einer Grundschule in Montreal erhängt sich eine junge Lehrerin im Klassenzimmer, was die Klasse natürlich erschüttert. Kurz darauf stellt sich Bachir Lazhar, ein algerischer Immigrant, bei der Schuldirektorin vor und bewirbt sich um die freie Stelle. Ohne seine Angaben genau zu überprüfen, stellt sie ihn ein. Niemand weiß, dass auch er selbst einen schweren Schicksalsschlag erlitten hat. Seine Frau und seine Töchter sind in Algerien bei einem Anschlag ums Leben gekommen. Ihm droht sogar die Abschiebung, da die zuständigen Behörden bezweifeln, dass er in Algerien tatsächlich in Gefahr wäre.

Am Anfang gibt es aufgrund der kulturellen Unterschiede einige Reibungspunkte zwischen Bachir und seinen Schülern. So stellt er die heute in reformpädagogischen Schulen üblichen Tischgruppen in die klassische Aufstellung mit Bankreihen mit frontalem Blick auf den Lehrer zurück. Er diktiert aus den Werken von Honoré de Balzac, die die Schüler überfordern. Ein Bruch mit allen Klischees, wie wir uns eine lebendige Schule vorstellen? Es zeigt sich bald, dass es nicht darum geht, wie die Bankreihen in einer Klasse aufgestellt sind, sondern dass Bachir nach und nach das Vertrauen der Schüler gewinnen kann. Gegen die Anweisung der Schulleitung, die eigens für dieses Thema eine Psychologin beschäftigt, lässt er die Kinder im Unterricht auch über den Selbstmord der Lehrerin sprechen. Insbesondere für Alice und Simon, die besonders traumatisiert wurden, da sie die tote Lehrerin gesehen haben, erweist sich Bachirs offener, aber auch bestimmter Umgang mit dem Thema als heilsam. So findet er heraus, dass Simon von der Vorstellung geplagt wird, dass sich seine Lehrerin wegen einer Abweisung von ihm umgebracht hat. In Wahrheit war sie jedoch eine Frau, die unter schweren Depressionen litt. Doch nicht alle Eltern sind von den Methoden Bachirs begeistert, obwohl die Schüler sehr gute Leistungen erzielen. Als schließlich aufgedeckt wird, dass er in seinem Heimatland niemals Lehrer, sondern Restaurantbesitzer gewesen ist, muss er sich von der Klasse verabschieden. Ohne falsche Sentimentalität zeigt Regisseur Philippe Falardeau, wie die gezeichneten Kinder und der seelisch verletzte Monsieur Lazhar einander zu stützen lernen.

Wenn Schüler und Lehrer einmal erkannt haben, dass es nicht um das Lernen für Prüfungen und das Einhalten von Lehrplänen, sondern in erster Linie immer um die menschliche Beziehung geht, dann wird sich das wechselseitige Vertrauen so weit entwickeln, dass ein Lehrer offenes Lernen wagen kann, ohne gleich seine gesamte Autorität zu riskieren, wenn dieses nicht sofort wie gewünscht funktioniert. Wenn er das eingebunden in ein Team mit anderen Lehrern und nicht auf sich allein gestellt tut, wird er schneller Fortschritte machen. Wertschätzung beginnt immer gegenüber sich selbst. Lehrer dürfen es nicht akzeptieren, wenn sie ständig eine Klasse mit ihrer Stimme überschreien und dabei die negativen Gefühle gegenüber sich selbst und ihren Schülern unterdrücken müssen. Wenn es ihnen nicht gut geht, dann werden sie diese Stimmung schnell auf ihre Schüler übertragen. Als nächster Schritt ist es wichtig, das Vertrauen zu den anderen Lehrern aufzubauen. Das beginnt damit, dass Lehrer einander einladen, ihren Unterricht wechselseitig zu besuchen und anschließend darüber zu reden. Es herrschen viele verdrängte Ängste, dass der eigene Unterricht nicht gut ist, dass man vor einem Kollegen vor seinen Schülern blamiert werden könnte. Angst hat man immer vor dem Unbekannten. Sobald man anderen Lehrern beim Unterrichten zugesehen hat, erkennt man, dass auch diese nicht perfekt sind, und kann offener darüber reden.

Lebendige Schule setzt immer bei der Sehnsucht der Lehrer nach Wertschätzung an. Das beginnt schon damit, dass neue Lehrer in einer Zeremonie von der ganzen Schule willkommen geheißen und danach von einem eigenen Team in den ersten Wochen begleitet werden. Dieser andere, bessere Umgang wirkt unmittelbar auf die Schüler weiter. Das hilft jedem Lehrer, den Aufbau von Wertschätzung gegenüber den Schülern als seine Bringschuld zu verstehen. Ein guter Einstieg ist ein ehrliches Angebot: „Wir machen jetzt gemeinsam etwas Neues. Ihr dürft mitbestimmen, welche Schwerpunkte gesetzt werden, je nach dem, was euch besonders interessiert. Ihr seid für euer Lernen selbst verantwortlich, wir werden euch dabei nach Kräften unterstützen. Am Ende des Jahres müssen wir das Ziel gemeinsam erreichen." Es bedarf harter Arbeit, bis Lehrer die Angst vor ehrlicher Mitbestimmung durch die Schüler verlieren und diese mit der neuen Kultur umzugehen lernen. Irgendwann entstehen dann eine Vertrauensspirale nach oben und ein Klima, das mutige Lehrer bestärkt.

- Es gibt Lehrer, die alle ihre Kinder und deren Eltern kennen.
- Es gibt Lehrer, die Eltern auch anrufen, wenn ihr Kind etwas Außergewöhnliches geleistet hat.
- Es gibt Lehrer, die nichts von ihren Schülern erwarten. Sie trauen ihnen alles zu.

Lehrer sollen ihre Rolle dabei nicht als „Streichelpädagogen" anlegen, es wäre sogar vermessen, zu erwarten, dass sie alle ihre Schüler lieben müssten. Alle Umfragen unter Schülern über ihre Lieblingslehrer zeigen, dass diese sie ziemlich fordern, ihnen aber mit Respekt begegnen. Die Schüler haben keine Angst davor, zu wenig zu wissen, sondern vor Demütigungen wie Anschreien oder Ungerechtigkeit bei den Noten. Das oft verkrampfte Verhältnis zwischen Lehrern und Schülern ist in Österreich und Deutschland besonders ausgeprägt. Skandinavische Kinder, die als Austauschschüler nach Österreich kommen, sind meist verwundert darüber, warum Schüler und Lehrer bei uns oft überhaupt nicht miteinander können. Sie mögen sich einfach nicht und spüren das auch.

Ich möchte daher an dieser Stelle einige Zeilen an Schüler richten, denen dieses Buch in die Hände gefallen ist:

Wenn Du dieses Buch liest, dann geht es um Dich. Es geht aber auch um Deine Lehrer. Bei jedem Einzelnen stellt sich die Frage, ob er überhaupt Dein Lehrer sein kann. Um Dein Lehrer sein zu können, bedarf es einer Grundvoraussetzung. Das ist Deine Akzeptanz. Wenn Du Deinen Lehrer genauer anschaust, dann kannst Du davon ausgehen, dass er Dich auch genauer anschauen wird. Das wird Dir bei manchen leichtfallen, bei vielen einer gewissen Anstrengung bedürfen und bei einigen unmöglich sein. Beginne daher mit einem Lehrer, bei dem schon ein gewisses Vertrauen da ist. Gib ihm und Dir eine Chance, menschlich miteinander gut auszukommen. Dann wirst Du auch herausfinden, was Du wirklich von ihm lernen kannst. Das ist ein guter Deal für euch beide. Das hat nichts mit Schleimerei zu tun, sondern mit einem Naturgesetz: Jeder Mensch sehnt sich nach Anerkennung und fürchtet Kritik.

Dieses Gesetz gilt auch für Eltern. Die Art, wie Elternabende und Sprechtage an den tödlichen Schulen ablaufen, ist eine Katastrophe der Sprachlosigkeit und Missachtung. Das muss nicht so sein. In lebendigen Schulen werden Eltern und Lehrer nicht mit ihren Ängsten allein gelassen, sondern sie sitzen in Gruppen an Tischen und formulieren ihre jeweiligen Themen. Ein externer Moderator sorgt für eine wertschätzende Umgangskultur, damit auch verdrängte Themen aufs Tapet kommen. Eine häufige Frage besorgter Eltern lautet: „Lernt mein Kind genug, wenn man ihm so viele Freiräume lässt?" Der Moderator wird die Eltern dann bitten, sich an ihre eigene Schulzeit zu erinnern. Waren es die Lehrer, die möglichst viel Stoff in sie hineinzustopfen versucht haben, bei denen sie am meisten gelernt haben? Oder nicht Lehrerpersönlichkeiten, die menschliche Vorbilder für sie waren, die sich Zeit für sie genommen und bei denen sie sich dann besonders angestrengt haben?

Die erste Offenlegung lautet: Der Aufbau einer Kultur der Wertschätzung benötigt viel Zeit und Kompetenz. Diese Arbeit hat höchste Priorität an jeder lebendigen Schule. Es ist ihr Blutkreislauf, der ihr Herz zum Pulsieren bringt.

2. Kinder haben einen Körper

Das Erste, das einem auffällt, wenn man eine tödliche Schule betritt, ist, wie laut es dort zugeht. Unmittelbar nach dem Schrillen der Pausenglocke herrschen Schreien und Herumrennen. Durch den Zwang zum Stillsitzen in der Bankreihe wird einem Kind die Herrschaft über seinen Körper genommen. Das wirkt sich bei Kindern unterschiedlich heftig aus. Ein Drittel hat von Natur aus einen geringen Bewegungsdrang, ein Drittel bringt diese Energie primär durch Reden und Gesten zum Ausdruck und das eine Drittel mit starkem Bewegungsdrang fühlt sich regelrecht eingesperrt. Diese aufgestaute Energie bricht dann in den viel zu kurzen Pausen aus, oft aber auch mitten im Unterricht. Die tödliche Schule ist eine gestörte Schule. All das ist eine Folge einer falschen Antwort auf eine einfache Frage: Haben Kinder einen Körper?

Ein entscheidender Unterschied zwischen tödlicher und lebendiger Schule ist, dass die eine den Körper des Kindes verleugnet und am Dogma der zwei Turnstunden pro Woche festhält. Die andere erkennt ihn und seine Bedürfnisse als ganz wesentlich an. Echte Veränderung beginnt mit der Fähigkeit, unsere Wahrnehmung verändern zu können. In dem Augenblick, in dem wir wahrnehmen, dass Kinder einen Körper haben, führt das unweigerlich zu klaren Schlussfolgerungen darüber, wie Schulen räumlich gestaltet werden und wie sich Lern-, Erholungs-, Bewegungs- und Reflexionszeiten verteilen müssen. Daher sind alle Besucher in lebendigen Schulen überrascht, wie ruhig und respektvoll die Kinder im Unterricht miteinander umgehen. Oft ist weder räumlich noch inhaltlich klar erkennbar, ob jetzt gerade gelernt oder Pause gemacht wird. Die wenigsten lebendigen Schulen wurden als solche konzipiert. Im Gegenteil, bis heute genehmigen Schulbauämter teure Schulneubauten, die alle gesetzlichen Auflagen erfüllen, aber den gleichen riesigen blinden Fleck aufweisen. Die Ausblendung des menschlichen Körpers ist ein Denkfehler, wie wenn man Flughäfen optimal auf die Beförderung von Gepäckstücken ausrichten, aber dabei die Reisenden völlig vergessen würde. Man darf sich daher nicht wundern, dass dreimal so viele Schüler lieber zu Hause lernen als in ihrer Schule. Es waren mutige Direktoren und Lehrer, die begonnen haben, zum Beispiel Gänge und Garderoben als Begegnungsflächen zu definieren. Wenn hoher Besuch von einem Schulinspektor angesagt war, dann wurde schnell alles „zurückgebaut" und man spielte für einige Stunden tödliche Schule. Seit dem Tag, an dem die Schulinspektoren wirklich abgeschafft wurden, ist das nicht mehr notwendig.

Die zweite Offenlegung: Die lebendige Schule nimmt den Menschen als soziales Wesen mit einem Körper wahr. Deshalb fühlen sich Schüler und Lehrer dort wohl.

3. Schüler interessieren sich nicht für Fächer, sondern für Menschen

Selbst über Fußball reden Kinder nicht abstrakt als Fachgebiet, sondern begeistern sich an den technischen Tricks von Ronaldo oder Iniesta. In ihren Zimmern hängen Fotos ihrer Helden und nicht die Regeln des Fußballsports. Trotzdem beherrschen sie die komplizierten Regeln meist bis ins kleinste Detail, weil sie diese laufend selbst anwenden. Genauso wären sie für Albert Einstein leichter zu entflammen als für Physik. Die Abenteuer des Entdeckers Alexander von Humboldt fänden sie spannender als die Bodenschätze von Venezuela.

Für den guten Lehrer ist das eine Selbstverständlichkeit. Er freut sich darauf, dass seine Schüler einmal stolz darauf sein werden, dass er ihr Lehrer war. Das Gegenteil davon sind die vergessenen Lehrer. Da gab es doch so viele, die uns jahrelang in irgendwelchen Fächern unterrichtet haben. An die Gegenstände können wir uns mithilfe unserer Zeugnisse noch erinnern, aber die Namen und Gesichter tauchen trotz verzweifelter Versuche nicht mehr auf.

Jeder Schüler hat ein Recht darauf, dass er jedes Jahr zumindest einen herausragenden Lehrer hat. Dieser kennt ihn und seine persönliche Geschichte sowie seine Talente genau. Wie dieses Band zwischen dem Lehrer und dem Schüler geknüpft wird, hängt vor allem von der Schulstufe ab. In der Volksschule war das mit einem oder in Mehrstufenklassen mit wenigen Lehrern schon immer am einfachsten. Ständiger Wechsel wird vor allem von Volksschulkindern als extrem belastend empfunden. In der Mittelstufe ist ein radikales Umdenken notwendig. In den vier Jahren, in denen ein Kind eine HS, NMS oder AHS besucht, hat es bis zu 25 unterschiedliche Lehrer, die es oft nur ein bis zwei Jahre zwei Stunden pro Woche sehen. Irgendwann wird man begreifen, dass es dieser Vielzahl von Lehrern, die einander teilweise nicht kennen, unmöglich ist, sich miteinander über jedes Kind auszutauschen und soziale Beziehungen aufzubauen.

In lebendigen Schulen bildet sich in der Mittelstufe um einen Meisterlehrer herum ein Team von idealerweise acht bis maximal zwölf Pädagogen, das die Bereiche Naturwissenschaften und Mathematik, Geschichte und Geografie, Sprachen, Philosophie, Kunst, Persönlichkeitsbildung und Sport abdeckt. Dieses Team ist für ca. hundert Schüler eines Jahrgangs vier Jahre lang verantwortlich. Die Reduktion der sonst üblichen 12 bis 24 Fächer auf deutlich weniger, aber größere Lernfelder nimmt ungemein viel Stress von den Lehrern und Schülern. In der Oberstufe lässt sich dieses Modell dann zu einem Wahlfächersystem ausbauen, wo die Schüler wie an der Universität zu einem Lehrer gehen, dessen Klassenzimmer gleichzeitig sein Arbeitszimmer ist.

Der Gesamtstundenplan einer lebendigen Schule sieht nicht mehr so kompliziert aus wie der Aufbau eines Atomkraftwerkes, weil er nicht die Bauchnabelsicht von unzähligen Gegenständen berücksichtigen muss. Individuelle Talentförderung und die 50-Minuten-Stunde sind Gegensätze wie Feuer und Wasser. Man hat sich von dem Irrtum verabschiedet, dass Lernen funktionieren kann, ohne dass die Schüler einbezogen werden. Die Zeiteinteilung zwischen Lehrvortrag, Projektunterricht, Reisen und Exkursionen, selbstbestimmtem Lernen und Erholungs-, Essens- und Reflexionszeiten wird vom Lehrerteam in Absprache mit dem Direktor autonom festgelegt. Das bedeutet einen hohen Kommunikationsaufwand. Aber Kommunikation ist die Währung, auf der Teams aufbauen und von der jedes einzelne Mitglied eine Menge zurückbekommt, in

Form von Anerkennung, Erfahrungsaustausch, Unterstützung in schwierigen Situationen, Inspiration, Humor und manchmal auch einfach zwanglosem Plaudern, um Stress abzubauen.

Die dritte Offenlegung betrifft den Geist der lebendigen Schule: Schüler lernen am besten von Lehrern, die sie mögen und von denen sie inspiriert werden. Schüler freuen sich nicht auf Gegenstände, sondern auf Menschen, die für sie Vorbilder sind. Lernen braucht Gemeinschaft. Lehrer erbringen die besten Leistungen in Teams.

4. Schüler, die Theater spielen, sind besser in Mathematik

Paula: „Mit diesem Kuss verlobe ich mich mit dir." Regisseur Armin: „Nicht so hastig. Das ist ein besonderer Moment, den genießt ihr." Paula fällt das Genießen schwer, immerhin sitzen im Publikum ihre Klassenkameraden, vor ihr kniet Christoph und jetzt will der Regisseur auch noch, dass sie die ganze Szene mit tieferer Stimme probiert. Ihr ist das peinlich und sie wird rot. Armin lässt das Licht ausmachen, auch die Notbeleuchtung. 20 Minuten spielen die beiden 15-Jährigen jetzt die Liebesszene wieder und wieder im Dunkeln, bis Paula plötzlich anfängt, den Text verführerisch zu flüstern. Armin applaudiert: „Genial, Pause." In der Pause kommt Paula zu ihm und versucht dem Regisseur klarzumachen, dass sie die Szene nie so vor hundert Leuten, darunter ihren Eltern, spielen könne. Die ganze

Schule werde glauben, sie und Christoph seien ein Liebespaar. Und sie sei auch nicht bereit, Christoph die Hose auf der Bühne auszuziehen. „Alle wissen doch, dass du auf der Bühne nicht Paula bist, sondern eine Rolle spielst."

Eine Woche später spielen Paula und Christoph das Liebespaar so überzeugend, dass sie sogar Fanpost bekommen. Sie werden auch nicht ausgelacht, sondern von über 150 Premierengästen bejubelt. Niemand denkt, dass sie ein Liebespaar wären. Trotzdem waren sie bis zum letzten Augenblick völlig unsicher, wie ihr Auftritt vor dem Publikum ankommen wird.[3]

Theater wird an vielen Schulen gespielt, meist in zwei Stunden am Nachmittag in einem Freigegenstand mit einem Lehrer, der sich eine Menge angelesen hat und so tut, als ob er ein Regisseur wäre. An der Helene-Lange-Schule wird Theater ernst genommen:

1. Theater lebt durch Künstler. Theaterprojekte werden daher nur von professionellen Schauspielern, Regisseuren, Tänzern und Dramaturgen geleitet. Sie arbeiten einige Monate auf Honorarbasis an der Schule, nicht zu lange, damit sie nicht ihr „Ganz-anders-Sein" verlieren und sich den Zwängen des Schulsystems zu sehr anpassen.
2. Die Intensität der Theaterarbeit, das Realisieren von Bühnenbildentwürfen, die professionelle Vorbereitung auf die eigene Rolle und die langen Probezeiten lassen sich nicht mit der Schulstunden-Taktung vereinbaren. Theater braucht Zeit. In der Intensivphase findet The-

ater fünf Wochen lang statt. Es gilt der Grundsatz „Nichts als Theater". Fünf Wochen lang kein Unterricht, keine Schularbeiten und keine Hausaufgaben.

Jetzt zu den Einwänden: Ja, die Schüler versäumen im Vergleich zu jenen an einer Regelschule eine Menge an Mathematikstunden, Sprachunterricht usw. In der Pionierphase wollten sowohl einige Lehrer als auch Eltern schwache Schüler von der Teilnahme am Theaterprojekt ausschließen, weil es sonst ihren Abschluss gefährden könnte. Dass Schüler durch wochenlanges Theaterspielen auch in Mathematik profitieren könnten, fiel selbst den Eltern guter Schüler schwer, zu glauben. Das Konzept der Helene-Lange-Schule war immer heftiger Kritik ausgesetzt. Trotzdem erhielt die Schule 2007 den Deutschen Schulpreis. Viel Feind, viel Ehr.

Das Prinzip von Versuch und Irrtum steckt hinter allen Erfindungen und Entdeckungen. Erst das Zulassen von Versuch und Irrtum macht eine Schule zu einer lebendigen Schule. Nur tote Menschen machen keine Fehler. Nur die tödliche Schule belohnt es, keine Fehler zu machen. Deshalb vertrauen so viele lebendige Schulen auf Theaterprojekte. Begleitet von einem professionellen Künstler, tasten sich die Schüler langsam an ein Thema heran, wobei sie immer wieder durch Sackgassen und Umwege zurückgeworfen werden – so lange, bis jeder einzelne Mitwirkende den Mut entwickelt, sich wahrhaftig darauf einzulassen.

Als sich eine 6. Klasse eines österreichischen Gymnasiums zur Teilnahme an einem KÜSCH-Theaterprojekt[4] entschloss, waren nicht alle Schüler von der Idee hellauf begeistert. Die meisten freuten sich auf diese neue Erfahrung, bei anderen ging die Ablehnung so weit, dass sie überzeugt waren, „da wäre sogar eine Woche Schule noch besser." Dann kam die wirkliche Herausforderung für die Künstler: Alle 26 Schüler erklärten überzeugend, es gäbe da keine Probleme in ihrem Leben, die so interessant wären, dass sie mit ihnen arbeiten wollten. Ihr Leben sei halt einfach in Ordnung: Die Eltern so weit okay, einige Lehrer ganz passabel, das mit dem Verlieben klappe im Prinzip ganz gut – und irgendwann sei die Schulzeit ja auch vorbei und das richtige Leben könne beginnen.

Erst intensive soziale Prozesse ermöglichten es den Schülern, zu erkennen, dass ihre Klasse sich schon seit langer Zeit in verschiedene Gruppen aufgeteilt hatte, die miteinander nichts zu tun haben wollten und die immer wieder dafür sorgten, das Leben der anderen schwer zu machen. Entscheidungen wurden von der Gruppe der „Coolen" getroffen – so eben auch die Zustimmung, bei dem Theaterprojekt mitzumachen.

Schließlich wurde das Thema „Empathie" als Grundlage für ihre Produktion ausgewählt. Das Gefühl „Wir haben kein Thema" (es gibt nichts, was wichtig ist in unserem Leben) wich der Überzeugung: „Wir haben viele Geschichten zu erzählen" und der selbstbewussten Haltung: „Hört euch unsere Geschichten an. Sie sind es wert." Eine der schönsten Geschichten kam von Lilian, die sich bislang aus der Klasse ausgegrenzt und keiner der Gruppen zugehörig gefühlt hatte. Sie erzählte davon, wie es sich anfühlt, „fremde Schuhe“ auszuziehen, in eigene Schuhe zu schlüpfen und mit diesen Schuhen in der Gruppe auf den Platz zu gehen, den sie neu für sich gefunden hatte.

Der internationale Tanzexperte Guido Reimitz, ein Vor- und Querdenker, plädiert dafür, dass lebendige Schulen bewusst jedes Jahr zehn Prozent der Unterrichtszeit freilassen sollten. Die so gewonnenen Freiräume dürfen dann von Schülern selbst oder von externen Experten wie Künstlern „bespielt“ werden. Mit seinem Projekt I LIKE TO MOVE IT MOVE IT[5] haben 2000 Schüler in 90 Schulen über mehrere Wochen bewiesen, dass das auch im Regelschulsystem möglich ist. „Normal führen wir ja Musicals und Theater auf, das war was ganz anderes. Normal hat man immer einen strikten Plan und weiß das Konzept einer Aufführung, jedem wird eine Rolle zugeteilt und man versetzt sich halt in die Person, was natürlich auch Spaß macht, wenn man verschiedene Facetten und Charaktere kennenlernt. Aber bei Linz09 war niemand eine Hauptrolle, wir waren alle eine Hauptrolle. Jeder konnte das tun, was er am liebsten tat oder was er gut konnte, und die Aufführung war von außen betrachtet eher ein großer Workshop, der sehr viel Spaß gemacht hat“, erzählt Schülerin Sophie von ihren Erfahrungen.[6]

Geschichten haben die Tendenz, zu Mythen stilisiert zu werden. Daher jetzt zur Offenlegung der Fakten:

Die Helene-Lange-Schule wurde von den Medien nach der ersten PISA-Studie zur besten deutschen Schule hochgejubelt, was aufgrund der zu kleinen Stichprobe nicht haltbar war. Sehr wohl beeindruckend ist aber, dass die

Werte der Schüler in Lesen mit 50 Punkten, in Naturwissenschaften mit 55 Punkten und in Mathematik mit 17 Punkten deutlich über dem errechneten Erwartungswert für ihre Schule lagen. Nach Aussagen des Max-Planck-Instituts entsprechen 20 Punkte etwa der Lernleistung eines halben Schuljahres. Das bedeutet, dass die Schüler in Naturwissenschaften und Lesen ein ganzes Jahr vor ihren Kollegen in vergleichbaren Schulen lagen.

Eine Evaluierung der Universität Mainz aus dem Jahr 2006 bestätigt den Erwerb vieler zusätzlicher Kompetenzen durch das intensive Theaterspielen.

Kunst verändert. In Schulen, die sich an KÜSCH-Theaterprojekten beteiligen, kommt es zu einer deutlichen Verbesserung des sozialen Klimas in den Klassen. Das trägt nachweisbar zu einer Steigerung der Lernleistungen der Schüler auch in den klassischen Gegenständen bei.

Ähnliche Erfahrungen hat die Wiener Privatschule w@lz (www.walz.at) gemacht, die seit vielen Jahren auf Theaterprojekte als wesentlichen Baustein in ihrem pädagogischen Konzept setzt.

5. Kinder strengen sich gerne an

„Der Mensch soll lernen. Nur die Ochsen büffeln."

Erich Kästner

Auch in Zeiten des beklagten Niedergangs der Rechtschreibfähigkeit gibt es Lehrer, die ihren Schülern beibringen, fast fehlerfrei zu schreiben. Konny Thamm ist einer von ihnen.

Er hat schon vor vielen Jahren bemerkt, dass das Anstreichen von Fehlern in der jeweiligen Arbeit nicht nur demotivierend wirkt, sondern dass gerade deshalb dieselben Fehler sehr häufig immer wieder gemacht werden. Eines Tages beschloss Thamm, alle Texte von Schülern, auch Schularbeiten, so zu lassen, wie sie waren und sich nicht länger mit dem Rotstift daran zu vergreifen. Stattdessen schrieb er jenseits des Korrekturrandes der Seite auf wenige Buchstaben reduzierte Hinweise, wo der Schüler seinen Text zu einer besseren Qualität bringen könnte. Und ganz wichtig, immer wenn etwas gelungen war, stand ein L für Lob dort. Seine Schüler waren froh darüber, nicht mehr in einem roten Meer an Korrekturen zu ertrinken, und machten sich mit Eifer an die Verbesserung ihres Produkts. Dazu mussten sie den Fehler selbst finden und markieren. Welches Wort stand im Verdacht, falsch geschrieben zu sein? Die Schüler sollten wie Detektive fragen, fragen und nochmals fragen, um damit ein buntes Spektrum von Lernen auszulösen.

War der Fehler einmal entdeckt, wurde er gelöscht. Und zwar so radikal wie möglich, überschreiben oder am besten gleich überkleben. Dann kam das eigenständige Berichtigen. Dazu sollten Wörterbücher oder Freunde zurate gezogen werden. Als Höhepunkt folgte die Stufe Festigung. Dabei wurde das richtige Wort auswendig gelernt und dann mit geschlossenen Augen mehrmals mit der Zehenspitze in die Luft geschrieben, und danach gleich noch einmal mit der Nasenspitze. Durch die Körperlichkeit dieser Übung wurde die richtige Schreibweise des Wortes so eingeprägt, dass der Fehler nicht mehr passierte. Die Schüler arbeiteten mit großer Ernsthaftigkeit an der Verbesserung ihres Textes. Keine fremde Hand zerstörte mehr ihre Werke, sie konnten ihnen selbst ein neues, schöneres Gesicht geben. Diese sehr erfolgreiche Methode ist lange bekannt und wird von vielen guten Lehrern angewendet.

Trotzdem regiert der Rotstift noch immer an vielen Schulen und die Freude der Schüler am Schreiben ist dann meist bald vorbei. Kaum jemand schreibt gerne schlechte und fehlerhafte Texte. Der „Exorzismus der Freude" ist daher die wahre Ursache für die Unlust vieler Schüler, sich mehr anzustrengen, und nicht deren Desinteresse oder gar Faulheit. Für den in der Zwischenzeit pensionierten Gymnasiallehrer aus Traun gab es keine Kinder, die zu dumm zum Aufsatzschreiben waren, sondern nur ein dummes System der negativen Verstärkung, das er mit ganzer Kraft bekämpfte. Den Konny Thamm wird kein Schüler jemals vergessen.

Das Markieren von Fehlern in Schulaufgaben und Tests ist nicht nur demotivierend, markierte Fehler prägen sich sogar ein. Das sorgt dafür, dass dieselben Fehler immer wieder gemacht werden, wie eine im Februar 2011 präsentierte Langzeitstudie der Wiener Sigmund Freud Privatuniversität zeigt. Beim „Projekt Fehlerkiller" von Brigitte Sindelar wurden bei den Arbeiten von 250 Volksschulkindern nicht die Fehler, sondern das Richtige markiert. Bei Tests zeigten diese Schüler höhere Motivation und bessere Leistungen als die 380 Kinder der Kontrollgruppe. Das wird auch den großen österreichischen Journalisten Helmut A. Gansterer freuen, der schon seit langer Zeit dafür plädiert, dass in Schulaufsätzen die richtigen Passagen grün und nicht die falschen Wörter rot unterstrichen werden sollten.

Lebendige Schulen hatten lange mit dem Vorwurf zu kämpfen, dass sie von der irrigen Annahme ausgingen, Lernen müsse den Schülern immer Spaß machen. Und das sei beim Lernen von Rechtschreibregeln oder Vokabeln völlig unrealistisch. Dabei wird Spaß mit Freude verwechselt. Die Schüler und Lehrer an lebendigen Schulen haben nicht immer Spaß, sondern sie strengen sich auch gewaltig an. Anstrengung beim Erlernen einer neuen Fähigkeit ist eine ganz wesentliche Voraussetzung dafür, um dann bei deren Ausübung Freude empfinden zu können. Diese Freude ist wiederum Antriebsfeder, um die nächste Stufe der Kompetenz zu erklimmen. Sonst würde fast niemand die von ständigen Fehlern gekennzeichneten Anfangsphasen beim Erlernen von Tennis oder einer Fremdsprache überwinden. Voraussetzung für das Funktionieren dieses Grundprinzips der Eigenmotivation ist das Erkennen der Sinnhaftigkeit der Anstrengung.

Die Drohung mit der nächsten Prüfung oder dem Ernst des Lebens funktioniert nachgewiesenermaßen nicht. In dem Augenblick, wo wir Kinder danach bewerten, ob das, was sie tun, konkrete Ergebnisse zum Beispiel in Form von Noten bringt oder nur „Spaß“ oder „Zeitverschwendung“

ist, legen wir den Grundstein für die Entpersönlichung, unter der wir alle so leiden.

Angestrengtes konzentriertes Arbeiten muss eben nicht automatisch zu Unlustgefühlen führen. Eltern sollten daher nicht in die „Bestechungsfalle“ tappen, ihr Kind erst mit Druck zu zwingen, zwei Stunden lang Hausaufgaben zu machen, um es dann mit einem Stück Schokolade oder gar fünf Euro dafür zu belohnen, weil es so brav war. Damit verstärkt man genau jenes verheerende Muster, dass wir uns in der Freizeit für „das Leid des Lernens“ mit Konsum entschädigen dürfen. Eine Umarmung durch den Vater oder die Mutter und ein aus dem Herzen kommendes „Ich bin sehr stolz auf dich“ zeigt dem Kind, was die echte Währung für Wertschätzung ist. Umgekehrt sollten Eltern nie aus Verzweiflung über eine tödliche Schule an ihren Kindern zweifeln.

Lernen wird dann zu einer ständig sprudelnden Quelle der Freude, wenn ein Schüler das Wachsen der eigenen Fähigkeiten spürt und emotionale Bestärkung von seinen Eltern, Lehrern und Mitschülern erhält. Dafür strengt sich jedes Kind dann noch mehr an.

6. Kinder wollen fair behandelt werden

Bei einem Fortbildungsseminar erzählt ein Mathematiklehrer, dass er einen Schüler hat, der alles sofort versteht, alle Schularbeiten auf „Sehr gut“ schreibt, sich aber weigert, Hausaufgaben zu machen. Selbstverständlich gebe er ihm aber trotzdem im Jahreszeugnis immer ein „Sehr gut“, weil doch wohl nur das Ergebnis zählen kann. Darauf meldet sich ein Kollege, der trocken feststellt, dass dieser Schüler bei ihm ein „Nicht genügend“ erhalten würde, weil Hausaufgaben in seinem Konzept eine entscheidende Rolle hätten. Er beginnt dann stolz sein ausgeklügeltes System zu beschreiben, mit dem er Hausaufgaben kontrolliert. Es bilden sich zwei Fraktionen, die Diskussion wird extrem aufgeladen und es kommt sogar zu Schreiduellen. Zählt die Leistung eines Schülers oder seine Anstrengung? Ist Intelligenz schon eine Leistung?

Es gibt kaum ein Thema, das für so viele „bad feelings“ verantwortlich ist, wie die Benotung von Schulleistungen. Erstens ist es in Wahrheit kaum möglich, zum Beispiel eine Deutschschularbeit objektiv zu benoten. In Versuchen wurde ein brillant geschriebener Aufsatz mit einigen Fehlern von unterschiedlichen Lehrern mit jeder Note zwischen „Sehr gut“ und „Nicht genügend“ beurteilt, je nach dem, welchen Wert der Lehrer der Rechtschreibung gab. Zweitens belastet die Tatsache, dass ein Lehrer die eigenen Schüler auch beurteilen muss, deren Verhältnis zueinander. Niemand käme auf die Idee, dass der Fahrlehrer auch die Fahrprüfung abnimmt. Die Trennung zwischen der Vorbereitung auf Lernziele und der Überprüfung der Zielerreichung würde das Verständnis, dass Schüler und Lehrer ein Team sind und im gleichen Boot rudern, fördern.

Auch wenn das Thema Noten und Leistungsbewertung an lebendigen Schulen unterschiedlich behandelt wird, gibt es einige Grundsätze:

1. Alle Schüler haben viele Talente. Sie haben ein Recht darauf, dass diese maximal gefördert werden.
2. Je besser und je individualisierter der Unterricht abläuft, desto größer werden die Unterschiede zwischen den Schülern hervortreten. Nur schlechter Unterricht nivelliert.
3. Schüler strengen sich gerne an, um ihre Talente zu zeigen.
4. Schüler wollen und brauchen regelmäßiges Feedback über ihre Lernfortschritte.
5. In welcher Form Feedback gegeben wird, ist nicht so entscheidend wie der Umstand, dass es vom Schüler als fair und wertschätzend empfunden wird.

7. Jede Veränderung löst am Anfang Widerstand aus

„Die Glorreichen Sieben“ gab es nicht nur im Film, sondern auch an einer Handelsschule in Steyr. Sie mussten kein Dorf vor Banditen retten, sondern Kinder aus schwierigen Verhältnissen, die einfach aufgegeben wurden.

Im Jahr 1996 beschlossen diese sieben Lehrer, dass es nicht mehr so weitergehen konnte. Am Anfang trafen sie sich, um offen über ihren Unterricht zu reden. Ihnen war klar, wenn sie an ihrer Schule etwas ändern wollten, dann mussten sie zuerst den Unterricht verändern. Sie beschlossen, ihre Stunden zusammenzulegen, um mehr Zeit für offene Lernformen zu gewinnen. Ihr COOL-Modell, Cooperatives Offenes Lernen, bedeutete vor allem Kooperation der Lehrer. Bei den Schülern der 1. Klasse Handelsschule funktionierte das soziale Lernen sehr gut, obwohl dort 40 Prozent Repetenten saßen. Das Klima wurde deutlich besser und ebenso die Leistungen. Solange sie ihre kleine Revolution auf die Handelsschule beschränkten, hielt sich der Widerstand in Grenzen, weil dort von den meisten Lehrern ohnehin keiner unterrichten wollte.

Die COOL-Lehrer begeisterten andere und entwickelten einen starken Gruppenzusammenhalt. Sie sahen sich lebendige Schulen in Europa an und starteten ein EU-Projekt. Widerstand kam erst auf, als sie sich nicht mehr damit zufrieden geben wollten, „Sonderklassen" für schwierige Schüler zu machen, sondern ihr Modell auf die HAK übertragen wollten. Der Entfremdungsprozess war bei vielen Lehrern so weit fortgeschritten, dass alles Neue als Bedrohung und nicht als Gelegenheit zur Verbesserung der unbefriedigenden eigenen Situation empfunden wurde. COOL-Initiator Georg Neuhauser: „Das Verheerende am Lehrerberuf ist das Einzelkämpfertum." Unausgesprochen gab es Ängste vor dem zusätzlichen Arbeitsaufwand durch Teambesprechungen und Projektvorbereitung. Wer denn das bezahlen werde? Die Gewerkschaft trat sofort auf den Plan, als das Bildungsministerium überlegte, das COOL-Modell in die neuen Handelsschullehrpläne aufzunehmen. „Möchtegern-Karrieristen" und „Chaoten" waren noch die freundlicheren Unterstellungen. Die Lehrergewerkschaft war sich auch nicht zu dumm, das Projekt in einer

Aussendung zu diffamieren. Der Schuss ging allerdings nach hinten los, weil an der Schule nun eine Solidaritätswelle losgetreten und das Projekt österreichweit bekannt wurde. Die COOL-Lehrer erkannten schnell: Wenn wir an der Schule überleben wollen, dann müssen wir unser Modell nach außen tragen und Verbündete gewinnen.

COOL erzeugt nicht nur Widerstand, sondern gewinnt immer mehr Lehrer, die sagen: Das kann es doch nicht gewesen sein. Mittlerweile gibt es 57 zertifizierte COOL-Schulen und weitere 200 Schulen sind eingebunden. Alle bekennen sich zu den Prinzipien wie Klassenrat, Teamsitzungen und offene Lernformen (www.cooltrainers.at).

Welche ersten Schritte können Lehrer auf dem Weg zur lebendigen Schule setzen und wie können sie den zu erwartenden Widerstand überwinden?

- Am Anfang helfen einfache Fragen:
  Was willst Du eigentlich als Lehrer erreichen, was ist Dir wichtig?
  Was möchtest Du Deinen Schülern, abgesehen von Fachwissen, beibringen?
  Wen könnten wir als Verbündete gewinnen, um diese Ziele zu erreichen?
- Der idealistische Einzelkämpfer wird leider fast immer scheitern. Es braucht eine kritische Masse von mindestens drei Lehrern, die gemeinsam mit den Schülern und Eltern eine Kultur der Wertschätzung aufbauen.
- Die Kerngruppe von Lehrern muss in jedem Fall zuerst den Direktor gewinnen. Auch wenn man sich oft am

Anfang als Widerstandsgruppe sieht, was auch zur Identität der Gruppe beiträgt, geht es nicht ohne den Direktor, weil man sonst keine strukturellen Änderungen im Stundenplan durchsetzen kann.

Die wichtigste Botschaft für alle Vorkämpfer lautet: Ihr seid nicht allein. Besucht einfach einmal mit Gleichgesinnten eine der COOL Impulsschulen oder andere Modellschulen. Schaut euch den Film „Treibhäuser der Zukunft" von Reinhard Kahl oder die Interviews von Gerhard Hüther und Manfred Spitzer auf YouTube an.

Vor allem lest den Klassiker „Schule kann gelingen!" von Enja Riegel.[7] Er dokumentiert, wie aus einer ziemlich tödlichen Gesamtschule in Wiesbaden eine der lebendigsten Schulen Deutschlands gemacht wurde. Einige der Geschichten, wie aus zwei verfeindeten Schülern Lebensfreunde wurden oder wie aus einem gescheiterten Schüler ein Theaterstar wurde, treiben einem trotz des sachlichen Erzählstils die Tränen in die Augen. Andere, wie dass Schüler und Lehrer gemeinsam ihre Klassen putzen und das gesparte Geld dafür in die Theaterprojekte fließt, überraschen. Alle Erfolge mussten erkämpft werden, von Lehrern gegen ihre Kollegen, von Lehrern gegen Eltern und manchmal von der Direktorin gegen fast alle. Entscheidend war natürlich auch immer der Wille des einzelnen Schülers, sich selbst aus dem Sumpf von Vorurteilen, schlechten sozialen Voraussetzungen und persönlichen Problemen zu ziehen. Das Buch ist eines der lehrreichsten humanistischen Manifeste, das ich je gelesen habe. Schule kann gelingen – aber das bedeutet harte Arbeit aller Beteiligten und oft das Springen über den eigenen Schatten. Und aller Anfang ist schwer, wie die Geschichte von Enja Riegel über ihren ersten Tag als Direktorin beweist.

Als Enja Riegel das erste Mal als neubestellte Direktorin vor ihr Lehrerkollegium trat, sah sie schwarz. Ausnahmslos alle Lehrer trugen schwarze Trauerkleidung. Die Botschaft war klar: Wir wollen Dich hier nicht haben. Du wurdest gegen unseren ausdrücklichen Willen bestellt. Der Wunschkandidat der Lehrer wurde ihr Stellvertreter und leistete ein Jahr lang zähen Widerstand gegen jeden Reformversuch, bevor er aufgab und die Schule verließ. „Als die Schule wieder losging", erinnert sich Enja Riegel, „war das Kollegium wie ausgewechselt." Ein Lehrer begrüßte sie mit einem Blumenstrauß und den Worten: „Es wird Zeit, dass wir an die Arbeit gehen." Alle hatten verstanden, dass die neue Direktorin ihren Führungsanspruch auch gegen Schwierigkeiten behaupten würde. Fast 20 Jahre später verabschiedete das Kollegium Enja Riegel mit einem berührenden Fest, für das sogar ein Zirkuszelt errichtet wurde. Einige der Akteure hatten vor langer Zeit ganz in Schwarz protestiert.

Es gibt die Verschwörung zum Guten

Dass ein System, welches die Grundbedürfnisse seiner Mitglieder über einen langen Zeitraum täglich nicht erfüllen kann, eines Tages plötzlich zusammenbricht, haben wir schon im Kommunismus erlebt. Das passiert nicht von heute auf morgen. Unser Schulsystem ist keine Diktatur, sondern es trägt nur nach wie vor den Geist Maria Theresias mit Weisungen, Verordnungen und vor allem einem strikten „Ober sticht Unter" in sich. Jeder, der etwas ändern will, muss mit Widerstand rechnen.

Die gute Nachricht: Widerstand kann überwunden werden. An Vorbildern mangelt es nicht. Enja Riegel von der Helene-Lange-Schule, Wolfgang Vogelsaenger von der Georg-Christoph-Lichtenberg-Gesamtschule, Konny Thamm vom BRG Traun, Georg Neuhauser und Helga Wittwer von COOL, Erwin Dorn, Ingrid Rathner und Katrin Leisch von KUKUSCH, Edwin Scheiber und Renate Wustinger von der Sir Karl Popper Schule, Monika Prenner und Sonja Schärf von der PH Niederösterreich, Brigitte Bergstein-Schlesinger von der VS3, Petrusgasse, Josef Bernhard vom GR13, Wenzgasse, Brigitte Ammer-Weis von der Berufsschule für Verwaltungsberufe sowie alle „Teachers of the Year" www.wbs-wien.org und viele,

viele mehr: Sie alle vollbringen, von der breiten Öffentlichkeit unbemerkt, im Klassenzimmer Glanzleistungen.

Einen Tag in seinem Leben kann jeder mutig sein. Schüler, Lehrer, Direktoren und Eltern müssen nur einmal erkennen, dass nicht sie die Gegner sind, sondern das System der tödlichen Schule. Wenn sie sich verbünden, kann ihnen niemand etwas tun. Der Grund ist die Angst des Systems, dessen Repräsentanten fast alle in ihrem Inneren wissen, dass es krank ist. Von einer mutigen Bildungsministerin würde ich mir wünschen, dass sie Schulen, die viele Merkmale einer lebendigen Schule schon erfüllen, von den Systemzwängen befreit und in die pädagogische Unabhängigkeit entlässt. Mit diesem Befreiungsschlag würde sie Geschichte schreiben.

Eltern, die das große Glück haben, dass ihr Kind in eine lebendige Schule mit engagierten Lehren geht, dürfen sich damit nicht zufrieden geben, sondern sollten diese gute Nachricht nach außen tragen. Damit erhöhen sie die Motivation und das wird auch ihrem Kind förderlich sein. Die lebendigen Schulen vermehren sich durch die Verbreitung von Hoffnung und nicht durch das Jammern über die schlechten Schulen.

- Es gibt Eltern, die einem besonderen Lehrer „Danke“ sagen.
- Es gibt Eltern, die jedes Jahr einen „Teacher of the Year“ an ihrer Schule auszeichnen.
- Es gibt Eltern, die oft und laut darüber reden, wenn der Direktor ihrer Schulkinder Gutes tut.

Die guten Lehrer und Direktoren dürfen nicht länger im Verborgenen blühen. Es ist die Bringschuld der Eltern und der Schüler, sie aus der Anonymität zu holen.

Im Erich Fried BRG in Wien entdecken die Erstklässler zu Schulbeginn eine ganze Woche lang mit Spielen und Ritualen ihre Schule. Auch am ERG Oberschützen gibt es „Ankommens-Tage“. Die BHAK/BHAS Steyr macht Einstiegstage und investiert viel Zeit in offene Formen der Elternarbeit. Wenn diese Aufzählung dazu führt, dass jetzt viele lebendige Schulen die Zeitungsredaktionen oder meine E-Mail-Adresse andreas@salcher.co.at mit ihren positiven Beispielen überschwemmen, dann ist der Zweck erreicht: Viel mehr Licht auf die lebendigen Schulen zu werfen.

Jetzt zu Schulbeginn ist eine gute Gelegenheit für alle Beteiligten, miteinander zu reden, wie sie gemeinsam ein wertvolles Jahr erleben können. Drei Fragen haben sich als hilfreich erwiesen:

- Was gefällt uns am besten an unserer Schule?
- Was stört uns am meisten?
- Was würden wir sofort ändern, wenn wir es könnten?

Die unaufhaltsame Revolution – warum Lernen Freude machen wird

Es gibt drei Gründe, warum es in der entwickelten Welt und damit auch in Österreich zu einer 180-Grad-Wende in den Schulen kommen wird. Zwei davon haben wir schon ausführlich behandelt:

1. Die Schüler, die Eltern und eine neue, selbstbewusstere Lehrergeneration werden sich die Mangelwirtschaft nicht ewig gefallen lassen.

2. Das Diktat der leeren Staatskassen trifft besonders Österreich: Wir haben das vierttteuerste Schulsystem der Welt, die NMS in Kombination mit dem absurden Besoldungsrecht wird es noch teurer machen. Irgendwann wird die Unfinanzierbarkeit erreicht sein, schneller als viele glauben.

Widmen wir uns nun dem dritten Grund:

Vergleichen wir die Fotos von Büros, Bankfilialen oder Autofabriken vor 50 Jahren mit heutigen, dann sehen wir den beeindruckenden technologischen Fortschritt. Machen wir diesen Vergleich mit Fotos von Schulen vor 50 Jahren und von heute, werden wir kaum einen Unterschied erkennen können. In keinem anderen Bereich unseres Lebens klafft die Lücke zwischen dem erzielten wissenschaftlichen Fortschritt und dessen tatsächlicher Nutzung zum Wohl der Menschen so weit auseinander wie in unseren Schulen. Es wird letztlich der technologische Fortschritt sein, der Tafel, Kreide und mittelalterliche Pädagogik hinwegfegen wird.

Verlassen wir für einige Augenblicke die kleine Welt von Österreich mit seinen 8,4 Millionen Einwohnern und 1,2 Millionen Schülern und werfen einen Blick auf die große Welt mit 8 Milliarden Bewohnern und über 2 Milliarden Kindern. Laut UNESCO werden in den nächsten 30 Jahren mehr Menschen eine Schulausbildung abschließen als in der gesamten Geschichte der Menschheit. Diese gewaltige Herausforderung lässt sich mit traditionellem Klassenzimmerunterricht nicht bewältigen, weil es nie genug Lehrer und Geld dafür geben wird. Der notwendige Entwicklungssprung wird sicher nicht von den Bildungsministerien ausgehen, weil diese in ihren eigenen Denkmustern gefangen sind. Wie schon der langjährige CEO von Google, Eric Schmidt, treffend gesagt hat: „Innovation kommt nie aus etablierten Organisationen. Es bedarf immer eines scheinbar verrückten Schülers oder Studenten, jedenfalls eines Außenseiters."

Von der breiten Öffentlichkeit weitgehend unbemerkt, hat sich eine Allianz der klügsten Köpfe und der reichsten Philanthropen gebildet, die erkannt hat, dass die Bewältigung der Bildungsfrage die Voraussetzung für die Lösung aller großen globalen Herausforderungen wie Hunger, Armut, Krankheiten, Unterdrückung, Meinungsfreiheit und Umweltschutz ist. Es bedarf dazu einer Revolution des Lernens und vor allem Lösungen, die für Abermillionen Menschen skalierbar sind.

Drei Beispiele für die Revolution des Lernens, die schon begonnen hat:

1. Im Mai 2012 haben die beiden Präsidentinnen der Harvard University und des MIT (Massachusetts Institute of Technology), Drew Faust und Susan Hockfield, bekannt gegeben, dass sie über eine gemeinsame Plattform edX (www.edx.org) ihr gesamtes Wissen der ganzen Welt überall kostenlos zur Verfügung stellen werden. Alle Vorträge, Seminare und Lehrinhalte werden über diese eigens gestaltete Online-Plattform angeboten. Interessierte Studenten können damit auch kostenlose Harvard- und MIT-Abschlüsse machen, so sie die entsprechenden Prüfungen online ablegen. Alle Universitäten werden eingeladen, sich dieser Plattform anzuschließen. Die vom MIT entwickelte Software wird kostenlos als Open Source zur Verfügung gestellt und kann daher mit steigender Nutzerzahl ständig verbessert werden. Jeder Mensch, der über einen Computer mit Internetzugang verfügt, wird kostenlos die Vorlesungen der besten Wissenschaftler der Welt „besuchen", diesen Fragen stellen und mit anderen Studenten darüber diskutieren können. Mit edX wollen Harvard und MIT in Zukunft ihre intellektuellen Ressourcen auf eine Frage konzentrieren: Wie können wir noch mehr über das Lernen lernen?

2. Wer glaubt, dass das alles nur ein Programm für eine intellektuelle Minderheit sein wird, sollte sich mit dem

gewaltigen Erfolg der Website www.ted.com auseinandersetzen. TED (Technology, Entertainment, Design) hat bisher mit seinen fast tausend Videovorträgen von Nobelpreisträgern, Wissenschaftlern, Erfindern, Künstlern und Visionären wie Bill Gates oder Amazon-Gründer Jeff Bezos mehr als 300 Millionen Besucher angelockt. Mit mehr als elf Millionen Sehern führt Ken Robinson mit seinem legendären Vortrag „Warum Schulen unsere Kreativität töten".

3. Am revolutionärsten denkt Salman Khan, der 3200 Video-Lektionen von jeweils zehn Minuten Länge auf seiner Website www.khanacademy.org gestaltet hat. Diese führen auf einfache Weise in Mathematik, Naturwissenschaften und Geschichte ein. Zehn Minuten deshalb, weil das aufgrund von Forschungen die maximale Aufmerksamkeitsspanne für die meisten Schüler – und Erwachsenen – ist. In Summe wurden bisher über 160 Millionen Lektionen absolviert. Dafür hätte man bei durchschnittlich 25 Schülern pro Klasse und 50 Minuten Unterricht 1,280.000 Lehrer benötigt. Nur ganz wenige davon wären in der Lage, mit der genial einfachen Lernmethode von Salman Khan auch nur annähernd mitzuhalten. Ich kann nur empfehlen, seine Videos einmal selbst auszuprobieren. Vorsicht, Suchtgefahr.

Schüler und Lehrer können sowohl individuelle Profile als auch Klassenprofile anlegen, welche die Lernfortschritte zeigen. Schüler, die an einem bestimmten Punkt in Mathematik nicht weiterkommen und deutlich hinter ihre Klasse zurückfallen, sind deshalb nicht einfach zu dumm, sondern brauchen mehr Zeit und Hilfe, diese Hürde zu nehmen. Die Khan Academy hat aufgrund ihres gesammelten Datenmaterials herausgefunden, dass es oft gerade diese Schüler sind, die dann sogar den Rest der Klasse überholen können, sobald ihnen „der Knopf aufgegangen ist". Im alten Schulsystem werden diese Kinder aussortiert und fallen durch. Das Beispiel zeigt das enorme humanistische Potenzial. Fehlurteile könnten vermieden und dadurch Talente von vielen Kindern gerettet werden.

Warum ist der Begriff Revolution gerechtfertigt? Die Erfindung des Buchdrucks machte das geschriebene Wort plötzlich nicht nur für eine kleine Minderheit, sondern für Millionen zugänglich. Innovative Plattformen wie edX, TED oder die Khan Academy ermöglichen das erste Mal in der Geschichte allen Schülern, sich die besten Lehrer der Welt als die ihren auszuwählen, kostenlos und wann immer sie wollen. Warum sollte sich ein in Mathematik schwacher Schüler weiterhin mit einem pädagogisch noch schwächeren Mathematiklehrer plagen, wenn er einmal entdeckt hat, dass er von Salman Khan alles von den Grundrechnungsarten bis zur Integralrechnung in seiner Geschwindigkeit lernen kann? Wenn er etwas nicht verstanden hat, kann er sich die Passage dreimal anhören, ohne zynische Bemerkungen ertragen zu müssen. Und irgendwann wird er sich fragen, warum er überhaupt noch den schlechten Unterricht besuchen soll, wenn er alle Mathematikschularbeiten positiv besteht? Wenn das aber nicht nur ein Schüler in einer Klasse machen wird, sondern Zehntausende, dann wird man sie wohl nicht alle durchfallen lassen können, nur weil sie sich weigern, weiterhin ihre Zeit zu verschwenden. Umgekehrt werden sich besonders talentierte Schüler, die sich zum Beispiel für Gehirnforschung oder die Weltmeere verstärkt interessieren, ihr Wissen von den besten Wissenschaftlern der Welt holen können. Nicht nur das, diese sitzen auf einmal einen Meter vor ihnen, können sie begeistern und sie zum Lachen bringen.

Gute Lehrer wissen, dass sie unersetzbar sind. Sie können sich aber von der Notwendigkeit langer Frontalvorträge befreien und ihre Rolle neu definieren. Sie motivieren ihre Schüler, die nächste Lektion zu Hause vorzubereiten, um in der Klasse dann mit ihnen zu üben. Damit gewinnen Lehrer viel Zeit, sich tatsächlich individuell um Schüler kümmern zu können und sich nicht wie im klassischen Unterricht unbewusst immer auf die besten oder schlechtesten zu konzentrieren.

Skeptiker werden einwenden, dass die oft angekündigte E-learning-Revolution bisher nicht stattgefunden hat. Das liegt aber nicht daran, dass die Grundidee falsch ist, sondern dass die technische Umsetzung durch Lernsoftware bisher viel zu schlecht war. Apple brauchte fast 20 Jahre, um den langen Weg vom Flop seines ersten berührungsempfindlichen PDA (Personal Digital Assistant), dessen Namen „Newton" fast in Vergessenheit geraten ist, bis zum Siegeszug des iPad zurückzulegen. Wir sollten nicht unterschätzen, dass jetzt die erste Generation zur Schule geht, die mit dem Computer im Kinderzimmer aufgewachsen ist.

Stellen wir uns einige Fragen:

Glauben wir wirklich, dass in 20 Jahren noch immer ein Lehrer mit dem Rücken zu seinen Schülern vor einer Tafel stehen wird, um mit Kreide Formeln draufzuschreiben, die er dann wieder löscht, sobald die Tafel voll ist?

Glauben wir wirklich, dass es sich die Regierungen angesichts immer knapperer Budgets noch lange werden leisten können, mit aufgeblähten Schulverwaltungen ein System zu erhalten, das für immer weniger Schüler immer mehr Lehrer benötigt und trotzdem die Kosten der Eltern für Nachhilfestunden explodieren lässt?

Glauben wir wirklich, dass im 21. Jahrhundert in Österreich eine Institution, deren Hauptzweck das Lernen ist, überleben kann, deren 120.000 Mitglieder nicht alle zumindest über einen eigenen Computer verfügen, in Teams arbeiten und sich ständig weiterbilden müssen?

Zu welchen Antworten wir auch kommen, eine Frage wird uns nie loslassen: Warum lernen?

Irgendwann landen wir bei einer noch bedeutenderen Frage: Warum Kinder?

Vielleicht kann uns das vor hundert Jahren verfasste Gedicht von Khalil Gibran „Von den Kindern“ als Orientierungshilfe dienen:[8]

(…) Eure Kinder sind nicht eure Kinder.
Sie sind die Söhne und Töchter der Sehnsucht des Lebens nach sich selbst.
Sie kommen durch euch, aber nicht aus euch,
Und obwohl sie bei euch sind, gehören sie euch nicht.

Ihr könnt ihnen eure Liebe geben, aber nicht eure Gedanken,
Denn sie haben ihre eigenen Gedanken.
Ihr könnt ihre Körper beherbergen, aber nicht ihre Seelen,
Denn ihre Seelen verweilen im Haus der Zukunft, das ihr nicht besuchen könnt, nicht einmal in euren Träumen.
Ihr könnt danach trachten, so wie sie zu sein, aber versucht nicht, sie nach eurem Vorbild zu formen.
Denn das Leben verläuft weder rückwärts noch verweilt es in der Vergangenheit.
Ihr seid der Bogen, von dem eure Kinder als lebendige Pfeile abgeschossen werden.
Der Bogenschütze zielt auf das Ziel auf dem Pfad des Unendlichen, und Er spannt euch mit Seiner Macht, sodass Seine Pfeile schnell und weit fliegen mögen.
Lasst euch mit Freude von der Hand des Schützen spannen,
Denn genauso wie Er den fliegenden Pfeil liebt, so liebt Er auch den beständigen Bogen.

In der Antike gab es zwei herausragende Redner, Cicero und Demosthenes. Nach einer Rede von Cicero jubelten die Menschen: „Was für eine großartige Rede!“ Wenn Demosthenes gesprochen hatte, riefen die Menschen: „Lasst uns anfangen!“

Ich würde mich freuen, wenn sich viele Leser, nachdem sie mit NIE MEHR SCHULE fertig geworden sind, denken: „Endlich sagt das einer.“ Ein gelungenes Buch ist es dann, wenn Sie sich jetzt am Ende von IMMER MEHR FREUDE fragen: „Wie kann ich anfangen?"

---

1 Die Georg-Christoph-Lichtenberg-Gesamtschule in Göttingen erhielt 2011 den „Deutschen Schulpreis" der Robert Bosch Stiftung und somit 100.000 Euro. Wesentliche Teile des Beitrags beziehen sich auf einen Artikel im „Stern" vom 10. Juni 2011 mit dem Titel „Die beste Schule Deutschlands" von Catrin Boldebuck.

2 Der Spiegel 29/2012, S. 114

3 Enja Riegel: Schule kann gelingen!, Frankfurt am Main, 2005, S. 96 ff.

4 KÜSCH „KünstlerInnen an Schulen – Projekt" www.kukusch.at ist ein Theaterprojekt an Schulen, das aus I LIKE TO MOVE IT MOVE IT hervorgegangen ist.

5 I LIKE TO MOVE IT MOVE IT war das große Schulprojekt im Rahmen der europäischen Kulturhauptstadt Linz09.

6 Stephanie Höltschl: Theater – Kunst – Schule: „I like to move it move it".

7 Es soll nicht verschwiegen werden, dass es an der Helene-Lange-Schule 1989 zu Missbrauchsfällen durch einen mittlerweile verstorbenen Lehrer kam, der von den Gegnern der Schule instrumentalisiert wird, um ihre unbestrittenen Erfolge zu diffamieren.

8 Die Übersetzung folgt der englischen Ausgabe „The Prophet", die 1923 erstmals erschien.

Danksagung

Mein besonderer Dank gilt meinem Mentor **Ernst Scholdan** und dem Tanzexperten **Guido Reimitz**, die dieses Buch mit ihren Ideen wesentlich bereichert haben. Ich bedanke mich bei meinem Freund und Verleger **Hannes Steiner** und beim Team des Ecowin Verlages **Nina Ainz, Jakob Hirsch, Christina Kindl, Florian Pötzelsberger** für die großartige Unterstützung sowie bei **Gerlinde Freis** für die professionelle Pressearbeit. Mein Lektor **Arnold Klaffenböck** hat seine Aufgabe wie immer hervorragend gemeistert.

Wesentliche Beiträge verdanke ich Gesprächen mit **Erwin Dorn, Lisa Carina Holzbauer, Nicole Kremer, Elisabeth Kunzer, Georg Neuhauser, Monika Prenner, Christiane Spiel, Walter Strobl, Konny Thamm, Helga Wittwer, Renate Wustinger** und **Theresa Zichtl.**

Dreizehn besonderen Menschen habe ich dieses Buch vorab anvertraut: **Barbara Feldmann, Bernhard Görg, Astrid Kleinhanns, René Koglbauer, Doris Moser, Monika Ottenschläger, Thomas Plötzeneder, Martina Rammer, Günter Rattay, Manuela Rattay, Sonja Schärf, Renate Wustinger** und **Katrin Zita.**

Besonders wichtig ist mir Ihre Meinung. Schreiben Sie mir bitte an andreas@salcher.co.at oder besuchen Sie mich auf meiner Website www.andreassalcher.com.

Wien, September 2012 Andreas Salcher